書名：奇門廬中闡秘
系列：心一堂術數古籍珍本叢刊　三式類　奇門遁甲系列
作者：舊題【三國】諸葛武侯註
主編、責任編輯：陳劍聰
心一堂術數古籍珍本叢刊編校小組：陳劍聰　素聞　梁松盛　鄒偉才　虛白盧主

出版：心一堂有限公司
通訊地址：香港九龍旺角彌敦道六一〇號荷李活商業中心十八樓〇五—〇六室
深港讀者服務中心：中國深圳市羅湖區立新路六號羅湖商業大廈負一層〇〇八室
電話號碼：(852)67150840
網址：publish.sunyata.cc
電郵：sunyatabook@gmail.com
網店：http://book.sunyata.cc
淘寶店地址：https://shop210782774.taobao.com
微店地址：https://weidian.com/s/1212826297
臉書：https://www.facebook.com/sunyatabook
讀者論壇：http://bbs.sunyata.cc/

版次：二零一二年六月初版　二零一四年五月修訂版
平裝

定價：港幣　六百五十元正
人民幣　六百五十元正
新台幣　二千六百元正

國際書號：ISBN 978-988-8058-96-9

香港發行：香港聯合書刊物流有限公司
地址：香港新界大埔汀麗路36號中華商務印刷大廈3樓
電話號碼：(852)2150-2100
傳真號碼：(852)2407-3062
電郵：info@suplogistics.com.hk

台灣發行：秀威資訊科技股份有限公司
地址：台灣台北市內湖區瑞光路七十六巷六十五號一樓
電話號碼：+886-2-2796-3638
傳真號碼：+886-2-2796-1377
網絡書店：www.bodbooks.com.tw
台灣國家書店讀者服務中心：
地址：台灣台北市中山區松江路二〇九號一樓
電話號碼：+886-2-2518-0207
傳真號碼：+886-2-2518-0778
網絡書店：http://www.govbooks.com.tw

中國大陸發行　零售：深圳心一堂文化傳播有限公司
深圳地址：深圳市羅湖區立新路六號羅湖商業大廈負一層〇〇八室
電話號碼：(86)0755-82224934

心一堂微店二維碼

心一堂淘寶店二維碼

心一堂術數古籍　珍本叢刊　總序
整理

術數定義

術數，大概可謂以「推算（推演）、預測人（個人、群體、國家等）、事、物、自然現象、時間、空間方位等規律及氣數，並或通過種種『方術』，從而達致趨吉避凶或某種特定目的」之知識體系和方法。

術數類別

我國術數的內容類別，歷代不盡相同，例如《漢書・藝文志》中載，漢代術數有六類：天文、曆譜、五行、蓍龜、雜占、形法。至清代《四庫全書》，術數類則有：數學、占候、相宅相墓、占卜、命書、相書、陰陽五行、雜技術等，其他如《後漢書・方術部》、《藝文類聚・方術部》、《太平御覽・方術部》等，對於術數的分類，皆有差異。古代多把天文、曆譜、及部份數學均歸入術數類，而民間流行亦視傳統醫學作為術數的一環；此外，有些術數與宗教中的方術亦往往難以分開。現代學界則常將各種術數歸納為五大類別：命、卜、相、醫、山，通稱「五術」。

本叢刊在《四庫全書》的分類基礎上，將術數分為九大類別：占筮、星命、相術、堪輿、選擇、三式、讖諱、理數（陰陽五行）、雜術（其他）。而未收天文、曆譜、算術、宗教方術、醫學。

術數思想與發展——從術到學，乃至合道

我國術數是由上古的占星、卜筮、形法等術發展下來的。其中卜筮之術，是歷經夏商周三代而通過

「龜卜、蓍筮」得出卜（筮）辭的一種預測（吉凶成敗）術，之後歸納並結集成書，此即現傳之《易經》。經過春秋戰國至秦漢之際，受到當時諸子百家的影響、儒家的推崇，遂有《易傳》等的出現，原本是卜筮術書的《易經》，被提升及解讀成有包涵「天地之道（理）」之學。因此，《易・繫辭傳》曰：「易與天地準，故能彌綸天地之道。」

漢代以後，易學中的陰陽學說，與五行、九宮、干支、氣運、災變、律曆、卦氣、讖緯、天人感應說等相結合，形成易學中象數系統。而其他原與《易經》本來沒有關係的術數，如占星、形法、選擇，亦漸漸以易理（象數學說）為依歸。《四庫全書・易類小序》云：「術數之興，多在秦漢以後。要其旨，不出乎陰陽五行，生尅制化。實皆《易》之支派，傳以雜說耳。」至此，術數可謂已由「術」發展成「學」。

及至宋代，術數理論與理學中的河圖洛書、太極圖、邵雍先天之學及皇極經世等學說給合，通過術數以演繹理學中「天地中有一太極，萬物中各有一太極」（《朱子語類》）的思想。術數理論不單已發展至十分成熟，而且也從其學理中衍生一些新的方法或理論，如《梅花易數》、《河洛理數》等。

在傳統上，術數功能往往不止於僅僅作為趨吉避凶的方術，及「能彌綸天地之道」的學問，亦有其「修心養性」的功能，「與道合一」（修道）的內涵。《素問・上古天真論》：「上古之人，其知道者，法於陰陽，和於術數。」數之意義，不單是外在的算數、歷數、氣數，而是與理學中同等的「道」、「理」——心性的功能，北宋理氣家邵雍對此多有發揮：「聖人之心，是亦數也」、「萬化萬事生乎心」、「心為太極」。《觀物外篇》：「先天之學，心法也。……蓋天地萬物之理，盡在其中矣，心一而不分，則能應萬物。」反過來說，宋代的術數理論，受到當時理學、佛道及宋易影響，認為心性本質上是等同天地之太極。天地萬物氣數規律，能通過內觀自心而有所感知，即是內心也已具備有術數的推演及預測、感知能力；相傳是邵雍所創之《梅花易數》，便是在這樣的背景下誕生。

《易・文言傳》已有「積善之家，必有餘慶；積不善之家，必有餘殃」之說，至漢代流行的災變說及讖緯說，我國數千年來都認為天災，異常天象（自然現象），皆與一國或一地的施政者失德有關；下至家族、個人之盛衰，也都與一族一人之德行修養有關。因此，我國術數中除了吉凶盛衰理數之外，人心的德行修養，也是趨吉避凶的一個關鍵因素。

術數與宗教、修道

在這種思想之下，我國術數不單只是附屬於巫術或宗教行為的方術，又往往是一種宗教的修煉手段—通過術數，以知陰陽，乃至合陰陽（道）。「其知道者，法於陰陽，和於術數。」例如，「奇門遁甲」術中，即分為「術奇門」與「法奇門」兩大類。「法奇門」中有大量道教中符籙、手印、存想、內煉的內容，是道教內丹外法的一種重要外法修煉體系。甚至在雷法一系的修煉上，亦大量應用了術數內容。此外，相術、堪輿術中也有修煉望氣（氣的形狀、顏色）的方法；堪輿家除了選擇陰陽宅之吉凶外，也有道教中選擇適合修道環境（法、財、侶、地中的地）的方法，以至通過堪輿術觀察天地山川陰陽之氣，亦成為領悟陰陽金丹大道的一途。

易學體系以外的術數與的少數民族的術數

我國術數中，也有不用或不全用易理作為其理論依據的，如揚雄的《太玄》、司馬光的《潛虛》。也有一些占卜法、雜術不屬於《易經》系統，不過對後世影響較少而已。

外來宗教及少數民族中也有不少雖受漢文化影響（如陰陽、五行、二十八宿等學說）但仍自成系統的術數，如古代的西夏、突厥、吐魯番等占卜及星占術，藏族中有多種藏傳佛教占卜術、苯教占卜術、擇吉術、推命術、相術等；北方少數民族有薩滿教占卜術；不少少數民族如水族、白族、布朗族、佤族、彝族、苗族等，皆有占雞（卦）草卜、雞蛋卜等術，納西族的占星術、占卜術，彝族畢摩的推命術、占卜術……等等，都是屬於《易經》體系以外的術數。相對上，外國傳入的術數以及其理論，對我國術數影響更大。

曆法、推步術與外來術數的影響

我國的術數與曆法的關係非常緊密。早期的術數中，很多是利用星宿或星宿組合的位置（如某星在某州或某宮某度）付予某種吉凶意義，并據之以推演，例如歲星（木星）、月將（某月太陽所躔之宮次）等。不過，由於不同的古代曆法推步的誤差及歲差的問題，若干年後，其術數所用之星辰的位置，已與真實星辰的位置不一樣了；此如歲星（木星），早期的曆法及術數以十二年為一周期（以應地支），與木星真實周期十一點八六年，每幾十年便錯一宮。後來術家又設一「太歲」的假想星體來解決，是歲星運行的相反，週期亦剛好是十二年。而術數中的神煞，很多即是根據太歲的位置而定。又如六壬術中的「月將」，原是立春節氣後太陽躔娵訾之次而稱作「登明亥將」，至宋代，因歲差的關係，要到雨水節氣後太陽才躔娵訾之次，當時沈括提出了修正，但明清時六壬術中「月將」仍然沿用宋代沈括修正的起法沒有再修正。

由於以真實星象周期的推步術是非常繁複，而且古代星象推步術本身亦有不少誤差，大多數術數除依曆書保留了太陽（節氣）、太陰（月相）的簡單宮次計算外，漸漸形成根據干支、日月等的各自起例，以起出其他具有不同含義的眾多假想星象及神煞系統。唐宋以後，我國絕大部份術數都主要沿用這一系統，也出現了不少完全脫離真實星象的術數，如《子平術》、《紫微斗數》、《鐵版神數》等。後來就連一些利用真實星辰位置的術數，如《七政四餘術》及選擇法中的《天星選擇》，也已與假想星象及神煞混合而使用了。

隨着古代外國曆（推步）、術數的傳入，如唐代傳入的印度曆法及術數，元代傳入的回回曆等，其中我國占星術便吸收了印度占星術中羅睺星、計都星等而形成四餘星，又通過阿拉伯占星術而吸收了其中來自希臘、巴比倫占星術的黃道十二宮、四元素學說（地、水、火、風），並與我國傳統的二十八宿、五行說、神煞系統並存而形成《七政四餘術》。此外，一些術數中的北斗星名，不用我國傳統的星名：天樞、天璇、天璣、天權、玉衡、開陽、搖光，而是使用來自印度梵文所譯的：貪狼、巨門、祿存、文曲，廉貞、武曲、破軍等，此明顯是受到唐代從印度傳入的曆法及占星術所影響。如星命術的《紫微斗數》及堪輿術的《撼龍經》等文獻中，其星皆用印度譯名。及至清初《時憲曆》，置閏之法則改用西法「定氣」。清代以後的術數，又作過不少的調整。

陰陽學——術數在古代、官方管理及外國的影響

術數在古代社會中一直扮演着一個非常重要的角色，影響層面不單只是某一階層、某一職業、某一年齡的人，而是上自帝王，下至普通百姓，從出生到死亡，不論是生活上的小事如洗髮、出行等，大事如建房、入伙、出兵等，從個人、家族以至國家，從天文、氣象、地理到人事、軍事，從民俗、學術到宗教，都離不開術數的應用。我國最晚在唐代開始，已把以上術數之學，稱作陰陽（學），行術數者稱陰陽人。（敦煌文書、斯四三二七唐《師師漫語話》：「以下說陰陽人謾語話」，此說法後來傳入日本，今日本人稱行術數者為「陰陽師」）。一直到了清末，欽天監中負責陰陽術數的官員中，以及民間術數之士，仍名陰陽生。

古代政府的中欽天監（司天監），除了負責天文、曆法、輿地之外，亦精通其他如星占、選擇、堪輿等術數，除在皇室人員及朝庭中應用外，也定期頒行日書、修定術數，使民間對於天文、日曆用事吉

凶及使用其他術數時，有所依從。

中國古代政府對官方及民間陰陽學及陰陽官員，從其內容、人員的選拔、培訓、認證、考核、律法監管等，都有制度。至明清兩代，其制度更為完善、嚴格。

宋代官學之中，課程中已有陰陽學及其考試的內容。（宋徽宗崇寧三年〔一一零四年〕崇寧算學令：「諸學生習……並曆算、三式、天文書。」，「諸試……三式即射覆及預占三日陰陽風雨。天文即預定一月或一季分野災祥，並以依經備草合問為通。」

金代司天臺，從民間「草澤人」（即民間習術數之士）考試選拔：「其試之制，以《宣明曆》試推步，及《婚書》、《地理新書》試合婚、安葬，並《易》筮法，六壬課、三命、五星之術。」（《金史》卷五十一・志第三十二・選舉一）

元代為進一步加強官方陰陽學對民間的影響、管理、控制及培育，除沿襲宋代、金代在司天監掌管陰陽學及中央的官學陰陽學課程之外，更在地方上增設陰陽學之課程（《元史・選舉志一》：「世祖至元二十八年夏六月始置諸路陰陽學。」）地方上也設陰陽學教授員，培育及管轄地方陰陽人。（《元史・選舉志一》：「（元仁宗）延祐初，令陰陽人依儒醫例，於路、府、州設教授員，凡陰陽人皆管轄之，而上屬於太史焉。」）自此，民間的陰陽術士（陰陽人），被納入官方的管轄之下。

至明清兩代，陰陽學制度更為完善。中央欽天監掌管陰陽學，明代地方縣設陰陽學正術，各州設陰陽學典術，各縣設陰陽學訓術。陰陽人從地方陰陽學肆業或被選拔出來後，再送到欽天監考試。（《大明會典》卷二二三：「凡天下府州縣舉到陰陽人堪任正術等官者，俱從吏部送（欽天監），考中，送回選用；不中者發回原籍為民，原保官吏治罪。」）清代大致沿用明制，凡陰陽術數之流，悉歸中央欽天監及地方陰陽官員管理、培訓、認證。至今尚有「紹興府陰陽印」、「東光縣陰陽學記」等明代銅印，及某某縣某某之清代陰陽執照等傳世。

清代欽天監漏刻科對官員要求甚為嚴格。《大清會典》「國子監」規定：「凡算學之教，設肄業生。滿洲十有二人，蒙古、漢軍各六人，於各旗官學內考取。漢十有二人，於舉人、貢監生童內考取。附學生二十四人，由欽天監選送。教以天文演算法諸書，五年學業有成，舉人引見以欽天監博士用，貢監生童以天文生補用。」學生在官學肄業、貢監生肄業或考得舉人後，經過了五年對天文、算法、陰陽學的學習，其中精通陰陽術數者，會送往漏刻科。而在欽天監供職的官員，《大清會典則例》「欽天監」規定：「本監官生三年考核一次，術業精通者，保題升用。不及者，停其升轉，再加學習。如能黽勉供職，即予開複。仍不及者，降職一等，再令學習三年，能習熟者，准予開複，仍不能者，黜退。」除定期考核以定其升用降職外，《大清律例》中對陰陽術士不準確的推斷（妄言禍福）是要治罪的。《大清律例・一七八・術七・妄言禍福》：「凡陰陽術士不許於大小文武官員之家妄言禍福，違者杖一百。其依經推算星命卜課，不在禁限。」大小文武官員延請的陰陽術士，自然是以欽天監漏刻科官員或地方陰陽官員為主。

官方陰陽學制度也影響鄰國如朝鮮、日本、越南等地，一直到了民國時期，鄰國仍然沿用着我國的多種術數。而我國的漢族術數，在古代甚至影響遍及西夏、突厥、吐蕃、阿拉伯、印度、東南亞諸國。

術數研究

術數在我國古代社會雖然影響深遠，「是傳統中國理念中的一門科學，從傳統的陰陽、五行、九宮、八卦、河圖、洛書等觀念作大自然的研究。……傳統中國的天文學、數學、煉丹術等，要到上世紀中葉始受世界學者肯定。可是，術數還未受到應得的注意。術數在傳統中國科技史、思想史，文化史、社會史，甚至軍事史都有一定的影響。……更進一步了解術數，我們將更能了解中國歷史的全貌。」（何丙郁《術數、天文與醫學中國科技史的新視野》，香港城市大學中國文化中心。）

可是術數至今一直不受正統學界所重視，加上術家藏秘自珍，又揚言天機不可洩漏，「（術數）乃吾國科學與哲學融貫而成一種學說，數千年來傳衍嬗變，或隱或現，全賴一二有心人為之繼續維繫，賴以不絕，其中確有學術上研究之價值，非徒癡人說夢，荒誕不經之謂也。其所以至今不能在科學中成立一種地位者，實有數困。蓋古代士大夫階級目醫卜星相為九流之學，多恥道之；而發明諸大師又故為惝恍迷離之辭，以待後人探索；間有一二賢者有所發明，亦秘莫如深，既恐洩天地之秘，復恐譏為旁門左道，始終不肯公開研究，成立一有系統說明之書籍，貽之後世。故居今日而欲研究此種學術，實一極困難之事。」（民國徐樂吾《子平真詮評註》，方重審序）

現存的術數古籍，除極少數是唐、宋、元的版本外，絕大多數是明、清兩代的版本。其內容也主要是明、清兩代流行的術數，唐宋以前的術數及其書籍，大部份均已失傳，只能從史料記載、出土文獻、敦煌遺書中稍窺一鱗半爪。

術數版本

坊間術數古籍版本，大多是晚清書坊之翻刻本及民國書賈之重排本，其中豕亥魚魯，或而任意增刪，往往文意全非，以至不能卒讀。現今不論是術數愛好者，還是民俗、史學、社會、文化、版本等學術研究者，要想得一常見術數書籍的善本、原版，已經非常困難，更遑論稿本、鈔本、孤本。在文獻不足及缺乏善本的情況下，要想對術數的源流、理法、及其影響，作全面深入的研究，幾不可能。

有見及此，本叢刊編校小組經多年努力及多方協助，在中國、韓國、日本等地區搜羅了一九四九年以前漢文為主的術數類善本、珍本、鈔本、孤本、稿本、批校本等數百種，精選出其中最佳版本，分別輯入兩個系列：

一、心一堂術數古籍珍本叢刊

二、心一堂術數古籍整理叢刊

前者以最新數碼技術清理、修復珍本原本的版面，更正明顯的錯訛，部份善本更以原色精印，務求更勝原本，以饗讀者。後者延請、稿約有關專家、學者，以善本、珍本等作底本，參以其他版本，進行審定、校勘、注釋，務求打造一最善版本，供現代人閱讀、理解、研究等之用。不過，限於編校小組的水平，版本選擇及考證、文字修正、提要內容等方面，恐有疏漏及舛誤之處，懇請方家不吝指正。

心一堂術數古籍 珍本 整理 叢刊編校小組

二零一三年九月修訂

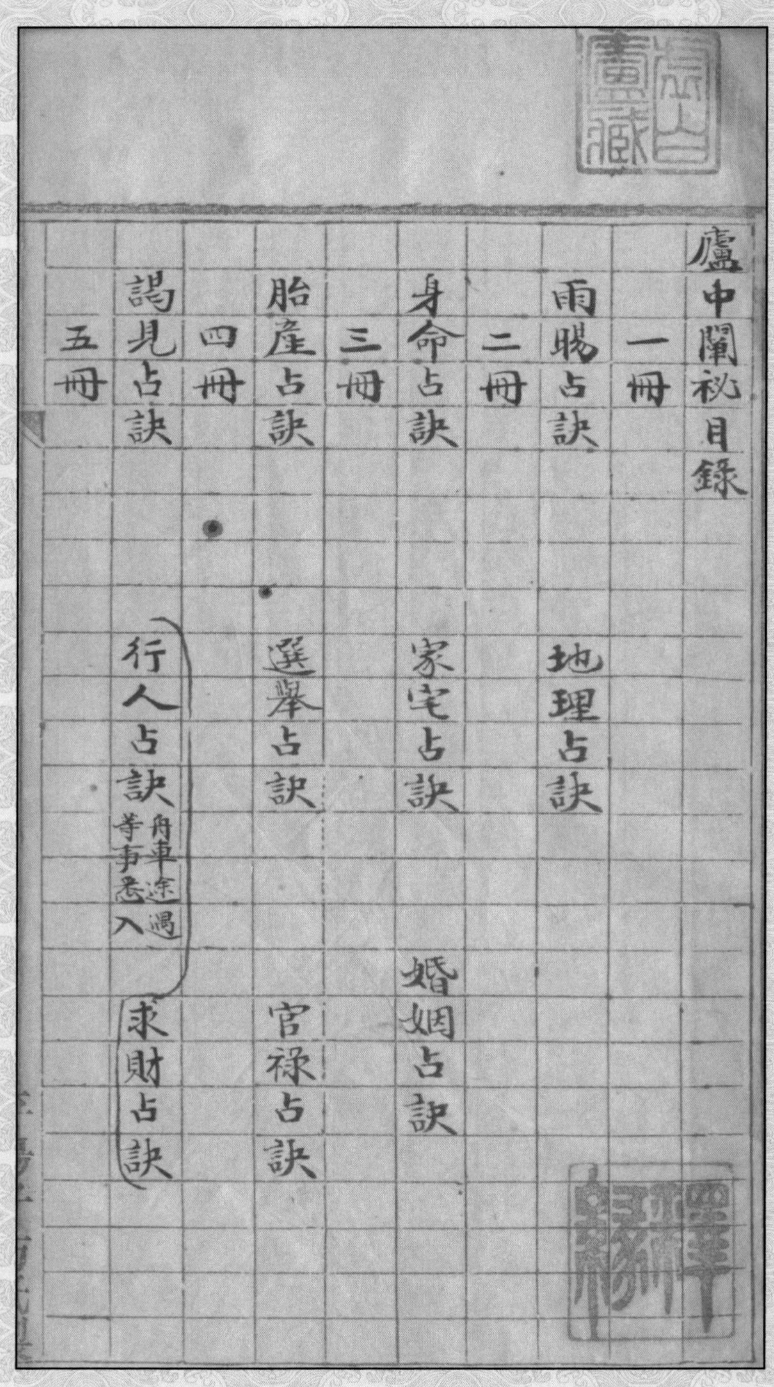

廬中闡秘目錄

一冊

雨暘占訣　地理占訣

二冊

身命占訣　家宅占訣　婚姻占訣

三冊

胎產占訣　選舉占訣　官祿占訣

四冊

謁見占訣　行人占訣（舟車途遇等事悉入）　求財占訣

五冊

盜賊占訣　疾病占訣　詞訟占訣

六毋

農桑占訣　奴僕占訣

禖占

博弈　酒食　扣門　漁獵　飲食　囑託　間謀

行詐　請人來否　誰去不去　約期　領文遲速

給假　應役　起解　解罪人　有人謀害　過難逃避

方向　避難可否　求師傳道　占設教　燒丹　求仙

禱祝　雞鳴　雀噪　怪異　夢　動體吉凶

行兵占訣

目錄終

雨暘占第一

凡占晴以天英為主占雨以天蓬為主所遇相生相尅以決有無專以直符直使加臨互斷之

符 九天日月 風雲晦明

勾 霧沙沉晦
白 疾風暴雷

坎休 白雲甘露 苦寒細雨

巽杜 虹霓閃 電光霹靂

兌驚 狂風雪雹 虹霓

甲 青龍 旭日

螣 電雹 虹霓

朱 天鼓電雲
玄 密雲細雨

艮生 龍神狂風黃沙 虹烟瘴氣

離景 虹霓赤白 日光霞彩

乾開 彩雲為水神霹靂 電雹

陰 霜雪冰凍 陰雲

地 陰暗 苦寒

乙 青龍 和風 麗日

六 和風 麗日

天 晴空 爽氣

震傷 青氣雷雹 風雲迅雷

坤死 陰風寒凍水母 冰霜沙瘴

丙　朱雀

戊　勾陳　霧露迷濛燥濕瘴氣

庚　白虎　雷霓電雪

壬　玄武　疾風暴雨水神

蓬　烏雲蒼龍怪風為雨為水神為露

輔　虹霓祥雲為風伯

芮　霧氣陰霾黃沙為露

丁　朱雀　景星卿雲

己　勾陳　黃雲蚩氣

辛　白虎　霹靂嚴霜

癸　玄武　濛雨肅氣虹霓凝冰水神

任　霧瘴風沙為雲

禽　晴風淑氣爽籟甘露東雲西霧以子午分之

柱　風霜霹靂寒冰雨師

冲　風雹晴爽為雷祖

英　彩雲晴風霓電母為日為火神

心　雷電寒光赤霞為雪白氣

右九星所屬即八門之所屬其風雨雷電大小有無久暫終以時令之旺相休囚別之此秘訣也

一　申子辰

二　坤艮　四維土

三　寅午戌

節水局　四　氣金局　七巳酉丑

節　五　氣　八四庫土辰戌丑未

節火局　六　氣木局　九亥卯未

木直符加九星所主

加天蓬主多風微雨有雷聲

加天任天禽天芮主大風久大雨一陣

加天冲天輔主狂風三朝

加天柱天心主連日陰霾細雨遇杜門有風

加天英主光風雨後晴有電光日色

火直符加九星所主
加天蓬主先晴而後雨
加天英主大晴晚多霞彩遇景門大旱
加天冲天輔主半日風雷半日晴
加天任天禽天芮主細雨後大晴
加天柱天心主雲霹靂後半日晴

土直符加九星所主
加天蓬主陰遇財星有雨
加天英主陰半晴半浮雲消空
加天冲天輔主連日大風

加天任天禽天芮主三朝雲霧後晴

加天柱天心主先微晴後細雨不絕

金直符加九星所主

加天蓬主先陰後雨

加天英主先陰雨後大晴

加天沖天輔遇景門主大風後雨

加天任天禽天芮主陰霧濛濛微雨

加天柱天心先小雨長虹後大雨

水直符加九星所主

加天蓬遇休門主連雨月餘不休

加天英主半日晴後陰雨

加天沖天輔主風雨淋漓

加天任天禽天芮主連日雲霧不開

加天柱天心主先陰後小雨不止

木直使加八門所主

加天任天禽天芮主連日雲霧不開

加休門主東風先起北方雨至

加景門主東南風微晴

加生門主東北風黃雲起

加死門主西南風陰霧

加傷門主東風連朝不止有雷聲

加杜門主東南風赤雲起

加驚門主西風細雨青雲起

加開門主北風後微雨

火直使加八門所主

加休門主南風起北方雨至

加生門主東北風起

加傷門主東風起有霹靂

加杜門主東南風起

加景門主南風連日晴後小雨一陣

加死門主西風無雨
加驚門主西風大霽
加開門主半陰晴有小北風

土直使加八門所主

加休門主陰霧不絕後細雨
加生門主連日陰雲不開
加傷門主雷擊東方樹木
加杜門主西南方有閃電或虹霓
加景門主靜而多雲
加死門主雲霧靉靆不開

加驚門主有西風微雨

加開門主西北方雨至不久

金直使加八門所主

加休門主西風大雨不止

加生門主東北方雨至

加傷門主東風滅細雨来

加杜門主東南旺無雨

加景門主靜晴野外有霞雲

加死門主有微雲細雨雲從西来

加蘭門主南西方雲西来雨

加開門主西北方雲雨来不久

水直使加八門所主

加休門主陰雨不絕遇壬癸有一旬風雨

加生門主陰晴無雨雖有雨不久

加傷門主雷雨有風從東来

加杜門主有雷電光東南現

加景門主先晴後雨不久

加死門主浮蔽不雨

加驚門主有西方雨至

加開門主西方雨来不歇

又法視

龍返首主陰　雀入江主雨

虎猖狂多風　龍逃走主微雨

蛇夭矯主霧雹　鳥跌穴主旱

白入熒主晴　熒入白主半陰晴

又訣占云

晴霽責天門　風雲責地戶

門戶合陽宮陽星晴　門戶合陰宮陰星雨

孟甲多陰雨闔閒開晴取仲甲半陰晴開闔細搜尋季甲晴堪許

開闔從星舉

日干為天時干地納音五行陰晴帶天尅地兮風生林地尅天兮
空霧氣天地星合論化神金水甘霖火木霽細觀納音生尅情
五行時令消息意假如合水納是金管教刻下風雨際
占驗雨暘論天乙須究五行起元例得令失令與格刑生尅制伏
陰晴別太陰玄武司陰雨六合白虎風雷主螣朱所轄雷霓虹
勾陳沙霧陰霾取日時月格刑逢處陰陽星宮雨暘蹤九天九
地奇儀到陽開陰闔透玄妙再占奇儀化為神方位時刻可參
料白虎到巽六合乾旺相風生休廢烟朱螣坎位玄武九主勝
客氣雨必然惟有太陰並九地或晴或陰論宮纏直使各隨本
宮求旺氣逢生遂類搜刑制格害吟返復陰晴變易有來由休

因死廢無定據縱有風雨霎時收

三奇六儀所臨宮陰晴尅應好推窮惟忌背令刑墓格時從三合究其踪

九星陰陽判雨晴符泊旬空未可凴陽宮陽星晴可必陰宮陰星主晦濛半開半合晴兼雨內外開闔先後評

水局主雨金局寒門金符水龍出潭若是符金門到水只疑飛龍入九淵土局陰霾未有涯時或四野起黃沙冬深符土門金凍門土符金飛六花符門間換火木局大地晴和寔可誇木局風生火局晴春夏逢之斷得灵惟忌因墓廢時日反主風停細雨零

三門八宮別陽陽奇儀加臨當細詳陽門陽星三奇會斷定三光出時方陰門陰星三奇會〻着之時不顯揚日月星奇門户照中宮乾巽見三光風雨儀神會陰星来臨六霧陰勢生地四户兮直陰宮六儀臨之風雨宗三奇陰星臨墓地必主其光不照空

孟仲季甲判陽陽從向開合細推詳再察符使干星類會合時令下斷強凡占晴霽論直符九天螣朱勾六以及生景死杜任輔禽英芮星並起元於火水局為的三奇得位戊己當權陽星開是也凡占陰雨須論直符九地陰玄白虎以及休驚開傷蓬柱心冲芮起元於金水局為的三奇入墓辛壬癸當權陰星合是

也

至於跌穴晴風起反首陰雨至然在陽宮主晴在陰宮主雨虎狂風生龍逃雨止蛇矯主陰投江主雨入白而虹霓現入熒而雷電生庚格而陰晴忽變丙悖而電日作更羅網四張彤雲密布時日生魁晴真機

此時遇陽星陽門飛臨陽宮又有火土星同宮必定大晴如陰星陰門合水金星及壬癸休門飛臨陰宮二局並合相生沐浴者主大雨如注若遇景門土宿飛臨者主雨晴有時無或日中下雨如陽星陽門加于陰宮或陰星陰門加于陽宮主半陰半晴若壬癸及申子辰日時天蓬休門亦主有雨若遇火土星不逢

水日時並沐浴者無雨若遇水星冲合當有大雨若論風雷雨雪閃電星月雲霧詳交節日時而可知也

又法云

蓬休被尅則無雨任生被尅則無雲冲傷被尅則無雷餘類推之犯制迫入墓者亦然以五行之衰旺分之若土衰木旺水中有木土不能尅雖有雨而不能久他星倣此

甲為天乙為日丙為月丁為星戊為雲已為霧庚為風雨雪霜露辛為風壬為雨癸為霧此十干之所屬也用以生旺休囚論之自乙被尅則日無光丙被尅則月不明丁被尅則星不現庚被尅則天清地寧日出風和犯墓制亦然亦倣此

心柱生休則雨大蓬生傷杜則風雷作冲輔生景則日現英生生死二門則雲露重芮禽任生開驚二門則霜雪降春日必作雨當審其衰旺以定風雨之大小

大凡炎性之火從上潤性之水好下天雨必得上生下下尅上者方雨假如天心生休門為上生下開門尅震木為下尅上其日必雨如天蓬生傷門休門尅禽英火未始不為上生下下尅上然水生木亢火則水氣已淺遏水旺則微雨不來水衰則竟不雨不可不細別之

占天晴必得下生上者方晴如傷杜二門生天英震巽二宮生景門是為下生上其日必晴

又如天英生景門生坤土火氣已退雖晴必有雲無日
又是天盤是天英中盤休門主門是景火流宮是坎水亦為水尅
火然水不能以下而尅上遇水旺火衰則雨日並行火旺則些
需之水為烈火所爍焉得望雨
如天英尅驚開二門景門尅乾兌二宮雖為退氣而水源已絕其
晴也必矣或星或門得遇木為木宮一生晴而且久如主是天
芮飛是休門亦為土尅水然土是上水是下未免不無漏洩況
坤乃濕土非艮土可比應濃雲細雨
天蓬在上生門在下應無雨
如主星主門出自旬空者問雨雨無問日日無如飛到旬空不拘

蓋水火本虛空之物水遇空則無阻火遇空則益焰故曰水火不拘空亡且如本占一數水星水門俱得地三奇不到而雨師玄武天后俱到雨而必久又兼六庚到宮制雨如且狂若來自巽宮者兼多風來自震宮者多雷來自金宮者必冰霜雪來自離者必不應

若數內三奇不到六庚不到雨師玄武又不到只得水星水門得地旺相時雨雨不大因發時畧見雨意更得寄餘宮庚奇所落之方位如餘宮乙得地則日不雨丙丁得地則夜不雨三奇得地而六庚雖居旺令旺方不足為累如三奇受制而庚乘進步雨必大且久

總之凡百俱以旺相為主五六月火旺水衰所以夏無雨三冬水旺火衰所以冬無到日即此可推也

又法云

天蓬游於坎兌震乘壬癸干或天柱乘壬癸二干游於坎兌震三宮或天冲乘壬癸二干遊於坎兌震三宮又必天英天輔落的天上宮尅地下宮者必然風雷雲雨交作看落宮得何干以定日期與直符近則雨速遠則雨遲遊坤二主密雲不雨遊於三一七不乘水神亦無雨天英臨日干時干主晴天英與天冲合尅日干時干主雷電交作或直時臨坤天禽直時上見太冲白虎青龍天罡河魁登明神后神將旺相者多雨又天禽值時值

使在坤上見太冲白虎日鬼主雨中有雹

占雷

天冲值時傷門在乾巽上螣蛇朱雀從魁太冲有雷

占晴

天輔為風伯天英為火神天輔乘旺相落離九宮或尅下地盤或尅日時二干主風晴天英乘旺相落三四宮或尅日時二干亦晴天冲值時傷門在兑巽上見大吉小吉勾陳天后主晴大抵白虎主風玄武主雨再以頂盤八神兼看無不准驗其日期亦以落宮係何干定之又陽星陽干合於陽門之上及有干元帶合則刻日晴陰星陰干全更無干元之合有雨

占雪

雪以乾兌二宮主之或天心乘壬癸二干到兌或天柱乘壬癸二干到乾皆主雪各以落宮所得之干以定其期或天蓬直時直使在巽見天罡勝光日破主雪中有雨見后陰玄武亥子從魁主大雪朱雀風伯雨師有小雪天蓬六合傷門為直使同會震大雪久陰至雪則以太冲直時傷臨乾巽上見蛇雀從魁太冲有雪

地理門第二

凡占墳墓以直符為吉事人以直符所臨之下地盤遇九星為亡人直使所臨之下地盤遇門為亡人之墳墓專看其二處彼此

相生比合遇旺相之地又三奇六儀扶助是吉地也若巳人尅墓止可發財必不出貴若墓尅巳人必主官非口舌橫事迭出此凶地也要在驗九星八門生尅以定其吉凶取舍耳

符 塋壙龍神結聚形勢起伏去回

螣 道路羅星內案去脉

陰 穴情石山風地風

合 向道怪樹左仙宮

勾 護砂內勢

白 拱對外勢右砂

朱 外案明堂

玄 原辰水主山來龍

地 穴窩臍跌歌之情

天 向屏障朝臨之勢

休 壬時 子癸黃泉辰杀忌戊辰日

生 丑艮寅黃泉寅杀忌丙寅日時

傷 甲時 卯乙黃泉申杀忌庚申日

杜 辰巽巳黃泉酉杀忌辛酉日時

景 丙時 午丁黃泉亥杀忌巳亥日

死 未坤申黃泉卯杀忌乙卯日時

驚 庚時 酉辛黃泉巳杀忌丁巳日

開 戌乾亥黃泉午杀忌壬午日時

甲 黃泉艮庫在未杀忌寅水向 | 忌流寅

丙 黃泉巽庫在戌杀忌午水向 | 忌流寅

戊 居坎

庚 黃泉坤庫在丑杀忌申水向 | 忌流申

壬 黃泉乾庫在辰杀忌亥水向 | 忌流巳

蓬 水形方尖

輔 木形秀麗

芮 土形偏側

任 土形曲哭

禽 土形方正

柱 金形仰缺

結穴水局

一 申子辰

二 四維土

三 寅午戌

乙 黃泉巽庫在戌杀忌辰水向忌 | 流丑

丁 黃泉坤庫在丑杀忌未水向忌 | 流寅

己 居離

辛 黃泉乾庫在辰杀忌戌水向忌 | 流寅

癸 黃泉艮庫在未杀忌丑水向忌 | 流巳

冲 木形長斜

英 火形尖虛

心 金形開窩

結穴火局

四氣節

五氣節 結穴土局

六氣節

七 巳酉丑 結穴金局

八 四庫土

九 亥卯未 結穴木局

論五行知地之物色

若直使所臨之下

木盛則下有古棺朽木或樹木叢雜多風吹

火盛則下有瓦礫石磚陶冶之物

土盛則下有汙泥土枯石之物

水盛則下有清泉濕泥黑色之土
金盛則下有金銀銅器石鉄之物

又法

若直符之下
屬木星與墓相生比和六儀三奇扶助旺相則出子孫清秀聰明
正直文章貴顯之人
屬火星與墓相生比和六儀三奇扶助旺相則出子孫性戇直臣
或威武良將多學多能之人
屬土星與墓相生比和六儀三奇扶助旺相則出子孫敦厚寬仁
田地廣濶富貴之人

屬金星與墓相生比和奇儀三奇扶助旺相則出子孫掌兵權鎮守封疆伶俐巧智之人

屬水星與墓相生比和六儀三奇扶助旺相則出子孫多福祿機伶謀畧迥異田地財帛之人

又截法

直符之下屬金直使之下屬土是土能生金又有丙丁三奇扶之是為上吉地

直符之下屬木直使之下屬水是水能生木又有庚辛六儀扶之是為吉地

直符之下屬水直使之下屬金是金能生水又有戊己六儀扶之

是為上地

直符之下屬火直使之下屬木是木能生火又有壬癸扶之是為

上地

直符之下屬土直使之下屬火是火能生土又有乙奇扶之是為

上地

論出人性情

金多主性凶暴喜閙訟舞文

木多主性直戇無私好飄蕩

水多主性柔和慈祥愷悌

火多主性急烈作事敢勇爭先

土多主性重厚端方作事猶豫不定

又法云

迎向朝對看天門擁護過峽看地戶門貴合天乙天馬三吉門者利戶貴合陰貴九遁五假者佳孟甲看左勢青龍仲甲看中勢頂氣生穴季甲看右勢主砂水關喜無刑合忌格內外關合前後測全開砂水莫收攔全合不化無益利

日干為人時干地納音所藏山向寄兩干生合可扦塋地尅人兮不愜意日納山清時納向山向無傷堪塋曠其中有一作刑傷酌分改山與遷向山向未可尅地元時師點穴未真傳若尅人元亡不利勸君另議向山看化合中間定龍神化旺須真假因

囚化氣納音相生合得此衣紫與腰金再若符使乘健旺始終
迪吉可安墳
直符占地大勢形木火土金水類情旺相休囚與孤虛審時考宮
宮興辨明太陰穴情九地穴明堂路安考朱膳向對障屏九天
問主山砂勢玄白陳用神不犯刑孤格得令生合壙與塋
直使占分山與向其中轉折多情況休囚飛旺可立塋旺飛休廢
莫教創試將飛伏兩參詳與此無傷宜山向所忌煞曜時日逢
端的其山即此狀更忌此使入此宮宜速改扦方無恙十分查
分所主山莫教鬼魁入關攔尤嫌坐臨忌煞位此地當年擬飛
問甲乙興龍左脈盛制主須教林木茂庚辛眠卧無驚險昂首

冲堂右脉殘丙丁得令排峯秀一有疵瑕口舌鬬壬癸得源来
脉厚枯澁休囚後裔難戊己毯詹胎息地須要生氣入其間細
查何干孤尅缺堪斷其方缺廢殘子父財宮區以別富貴兒孫

一局頌

大抵九星要純粹脱胎入鬼必衰替吉投吉生吉更多凶助凶戚
最可畏只要本星生本宮飛伏兩宮顧祖利欲查形勢折換情
進退加臨考星義旺相休囚逐以詳便知其形成興廢

九宮起元論山祖元局不孤終堪取若有一局墮旬空化氣不真
非為美即令金局終無傷再將本局細參取從何宮飛向何地
穿田過峽堪尋透更看歸局歷幾辰細者變胎可脱体若得節

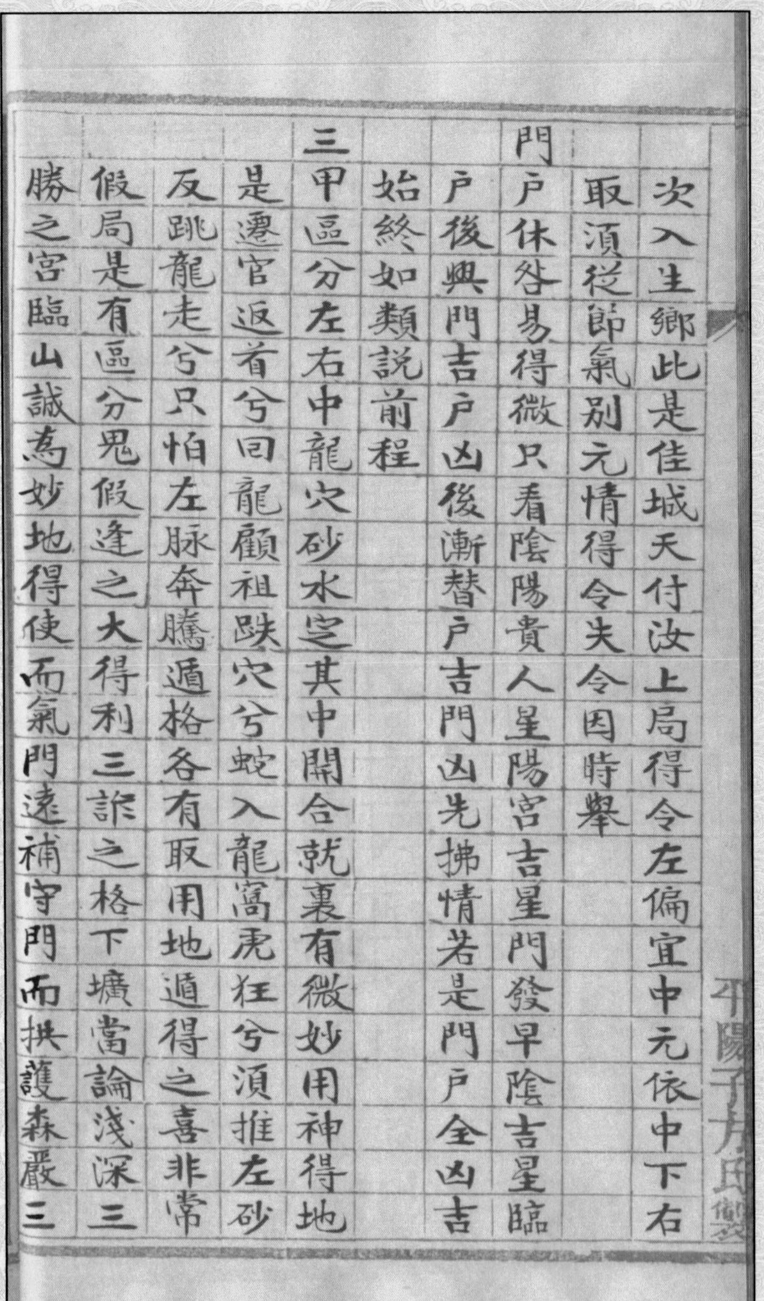

次入生鄉此是佳城天付汝上局得令左偏宜中元依中下右
取須從節氣別元情得令失令因時舉
門戶休咎易得微只看陰陽貴人星陽宮吉星門發早陰吉星臨
戶後興門吉戶凶後漸替戶吉門凶先拂情若是門戶全凶吉
始終如類說前程
三甲區分左右中龍穴砂水定其中開合就裏有微妙用神得地
是遷宮返首兮回龍顧祖趺穴兮蛇入龍窩虎狂兮須推左砂
反跳龍走兮只怕左脉奔騰遁格各有取用地遁得之喜非常
假局是有區分鬼假逢之大得利三詐之格下壙當論淺深三
勝之宮臨山誠為妙地得使而氣門遠補守門而拱護森嚴三

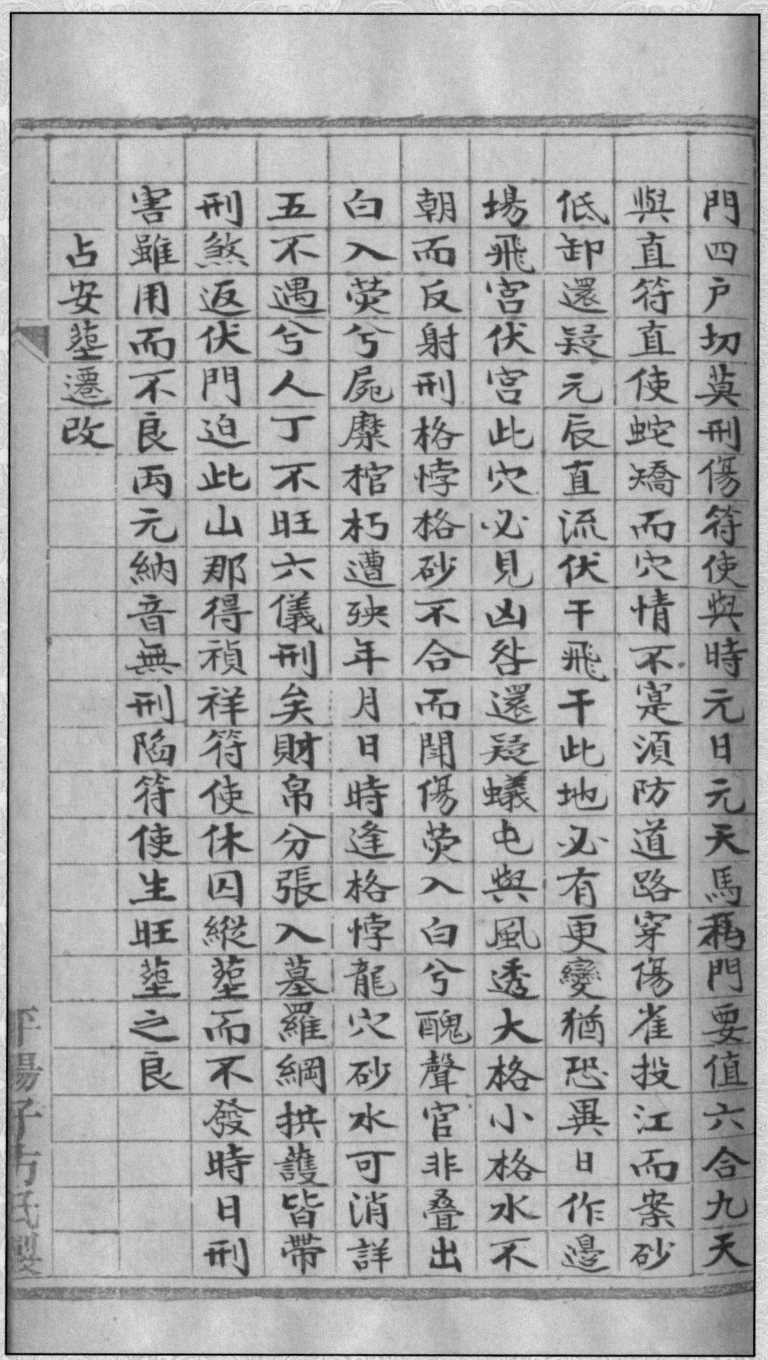

門四户切莫刑傷符使與時元日元天馬稱門要值六合九天
與直符直使蛇矯而穴情不寔須防道路穿傷雀投江而案砂
低卸還疑元辰直流伏干飛干此地必有更變猶恐異日作邊
場飛宮伏宮此穴必見凶咎還疑蟻电與風透大格小格水不
朝而反射刑格悖格砂不合而閒傷熒入白兮醜聲官非叠出
白入熒兮屍糜棺朽遭殃年月日時逢格悖龍穴砂水可消詳
五不遇兮人丁不旺六儀刑矣財帛分張入墓羅綱拱護皆帶
刑煞返伏門迫此山那得禎祥符使休囚縱塟而不發時日刑
害雖用而不良丙元納音無刑陷符使生旺塟之良

占安塟遷改

平陽子古氏製

此時日合貴人祿馬合山頭龍神生旺有氣為上如某龍旺於某季在春夏秋冬二十四氣之內按陰陽二遁取用日時合太陽照臨向坐若太陰太陽映照更美其乙丙丁六儀不臨絕之時合于吉格與三命祭主山運分金補洩得宜水口相生相合並門宮有奇得死景生門到坐餘門到向相生乃萬金之吉也

又訣云

以本星為龍穴以飛門為砂水總以得奇得門得詐為吉又以星門之旺相為吉主星尅飛門先發財而後添丁飛門尅主星損丁而後破財主星生飛門雖無刑害而盜財又愁退散飛門生主星事出無心而名利自得双全且我受生而宜旺旺則生之

者有力我受尅者宜衰則尅之者無權星門比合者平之倘我星門自生旬空者雖得奇門雖逢吉格終以虛花之穴倘我星門本非旬空忽然飛到旬空宮上者龍脉雖有落穴不真必定砂飛水走元神未聚真氣未收焉可為吉又有一等星吉門吉奇到詐到可稱秀穴而六庚忽然加臨者得意中未免刑傷或見本星本門猶所宜戒至于逃走投江羅網擊刑諸格雖未為甚美而我星門生尅如意者凡微疵不足為患欲知朝按山朝向流宮是也假如符宮主星是天蓬使門流宮是震宮非乾巽則巳亥辰戌是也主星是蓬流宮是離非子午則癸丁是也主星是蓬流宮是坤非艮坤則寅申丑未是也餘倣此欲知來龍

之所屬問所歷之原宮是也假如陽一局冬至用丙寅子時起坎丑時起坤寅時方到本宮知本穴之來龍必由坤申入手其餘陰遁逆行凡龍可以類推欲知穴情之高下淺深看主星之下符宮是也符宮是坎其穴必低而陷非弦口則近水穴符宮是坤非土阜則旱陽田穴也符宮是震非喬松古木之下則寺院大路也符宮是巽其穴必半高而潤下且在疎林修竹間符宮是乾非怪石之傍必居巔頂符宮是兑穴近側澗符宮是艮穴在山谷符宮是離非騎龍斬關即仰天湖穴也欲知龍之發祖纏護長短委曲當與主星之起宮逐宮推之自見乃如符吉使凶富貴不能久長符凶使吉乃虛僞儳花終不可行也

身命門第三

身命占

發𡉏之始

符　氣槩雄偉羊質虎皮

个人暗筭

陰　沉滯猥小深謀遠慮

事多磨折

勾　果敢執扨

白　兇勇威權道路驚恐

宜防陰阻

地　深机大度陰險莫測

口舌虛驚

螣　奸佞心毒委曲妖轉

親朋招撫

六　和藹慈祥易惑易動

詞訟是非

朱　巧辯能支

玄　欺詐奸邪

出谷遷喬

天　軒昂大方虛張聲勢

門／干	斷	類象
休	利謁見	安藏固執，事屈而伸
景	報書	利見大人，文書信息
甲	穩重	君兄父師，高人君子
戊	執拗	妾建步
壬	和媚	母牙客行，腳役穩婆
生	利經營	机緣待時，鳴則驚人
死	吊死	收積財物，喪吊行刑
乙	風流	相弟姑妹，僧道藝術
己	忠直	妻婢農人，土工
癸	慳直	母姨叅謀，博士
傷	宜捕獵	得時名振，失令殘損
驚	擒訟	聲名振世，肅煞虛驚
丙	燥急	兄外甥位，詩人騷客
庚	頑險	祖父將帥，軍校
杜	好遮攔	資素時潛，隱匿秘密
開	利遠行	遠舉圖謀，營造市價
丁	倭柔	孫女使，媒妁
辛	陰惡	祖母陶冶，匠庖

蓬 鬚黑肥濁 勇猛沉滯

輔 清秀歌訣 文武和順

芮 黑矮肥胖 拘執忍耐

任 矮跎跛長 詭詐師巫

禽 端正敦實 忠良正直

柱 長亮雄很 剛愎險忍

冲 五表清奇 善辯音律

英 棗面赤鬚稀髮 麻班聰穎

心 濶面重醜大耳 果斷辯材

得令才名双美

一 甲子辰

失令風流蕩子

得令富厚

二 四維土

失令奔馳

得令聰明虛詐

三 寅午戌

失令有始無終

節

四

氣

得令威名伏眾

七 巳酉丑

失令刑尅險惡

節

五

氣

得令有權

八 四庫土

失令執滯破財

節

六

氣

得令清秀文星

九 亥卯未

失令匠作詭謀

平陽子方氏製

榮貴天門富貴責地戶門戶合陽宮陽星得時令者近貴軒昂

門戶合陰宮陰星背時令者奸險胥小

孟甲多慷慨閑主魁武閑主瘦長又或踐跛

季甲主敦厚閑則刑冲合則慳澁孤獨

仲甲多瀟洒閑主飄蕩合主刑害又或僧道藝術日干為身時干

命納音之中運氣定身命無傷是吉胎納音生扶事業成得化

當時不刑傷此君名望人欽敬最怕身命值休囚祖業于令應

無剩納音再若傷命身作事多岐壽恐竟

直符論人直使事十干人物星性情九宮起元論來歷門戶開合

事業因歲月日時行年命宮分陷落細推尋已過將來及時旺

子父財宮逐類分

大凡直符泊空鄉生平事業半虛張年命再值刑格墓只疑前程不久長次及歲月日時干不值刑格事多歡其中有一失宮次根苗花果分類看

直使從來論作為逢生乘旺始相宜倘值刑害兼魁墓所謀未許逐心期從旁檢點年命上次及四干之所依五凶三吉并空廢休咎其間另有机

奇儀九處序六親各從起宮辨來因甲符宮元時元旺得生得使亨利貞次察奇儀分八卦空陷墓絕論親姻年命忻逢三六會等來人物自區分

九星自古別性情各隨五行考義經孤虛旺相暨年命逐一參考
自得靈
九宮起元考系派會局得時多貴介逐類神用神考旁宮作述興廢
數內載
三門四戶合陽開年命逢之顯者來如若背令值陰合作事間阻
巧中來
凡占造化須查本命行年隷何卦氣當令不當令已過及將來以
斷其生平時運之臧否次及本日干支之納與正時干支之納
生旺尅制何如以斷其時下事業之興衰直符起元何宮原屬
本局何親今行臨何卦旺相生尅何如又或子入父垣妾攘妻

位從中斟酌自得消息再詳直使以定其目下之作爲會合年命以觀其變化之妙且如父占子則看兒舍夫占妻則論妻神遂將所值之星以察其心事人品更加詳於門戶開合三甲陰陽自得玄妙矣

至於螣蛇啣金憂脣吻墜水生灾非太陰到辰也祼體或承羞六合臨酉陰謀忌句陳卯位公事擾到艮甲庚鬥毆嗔白虎驚杜啣刀可畏朱雀杜景喧噪堪嫣玄武居乾不能終勢九地杜死沒齒無聞九天生開雲龍變化

甲乙向春榮丙丁逢夏盛戊己喜黃帝司權庚辛愛白帝進氣壬癸冬令豁達超群甲得己而中正可風乙遇庚而剛柔相濟丙

合辛而施威丁見壬而陷媚戊癸剛決胥小無緣八宮互合藹々吉人各宮偏覺硜々匹夫合中帶刑美不足凶空吉寔樂有餘從其相生避其相尅年命日時參究自得

龍返首而人事順美鳥跌穴而聲名顯揚得遁利以權變逢詐自能斡旋使得意外有助守門出入亨通五假機謀出衆三勝胆畧過人蛇嬌嬌而作事虛驚雀投江而文書遺失伏干出遺財物飛干恃强自傷伏宮須防盜賊飛宮事業胥已大格小格凡謀不遇刑格悖格禍起蕭牆白入熒兮宜防外敵熒入白兮仇敵自已龍逃兮防身災晦虎狂兮財物分張五不遇兮凡謀躓蹬羅網張兮出入宜防六儀擊刑而凶災各別三奇入墓而圖

謀不揚反伏二吟多啾唧吉凶門迫果非祥天馬吉門臨命上策驥生方永無殃此是吉門身命訣留與達者辨行藏

又訣云

終身當分天地人三盤而斷主星管少年之造化主門管中年之造化主宮管末年之造化然又以主星為主凡人得吉門者其人出自名門得凶門者其人出自尋常之門第然間有盛衰理取榮枯厥道甚微天星尅飛門者名利得意飛尅主者刑傷並見主星生飛門者而喪祭踵至飛門生主星雖無干祿之心而名利坐獲星門生尅如意又逢美格吉星門生尅如意而格未全美吉中有疵吉門不如意而遇吉格凶中有救遇凶格分外

多凶吉門尅我凶而不險凶門尅我毒而且深更以旺相參之
無不應驗矣
飛門是休門生我者應得利于北方或得利于羽音占水之人或
魚鹽舟楫上稱心逢旺令必書香得吉
生門生我者應利于東北或得利于宮音土体之人山林田地上
千稱心逢旺令厚而且厚八門可旁通而悟也欲知六宮休咎之
驗可餘餘宮定之
如主星是天蓬天心為父天柱為母又星為父門為母天冲為男
天輔為女天芮天任為官鬼天英為妻財隨其生尅而斷之欲
占父母之壽宜看天心開門之落位欲占父母之父母之墳營

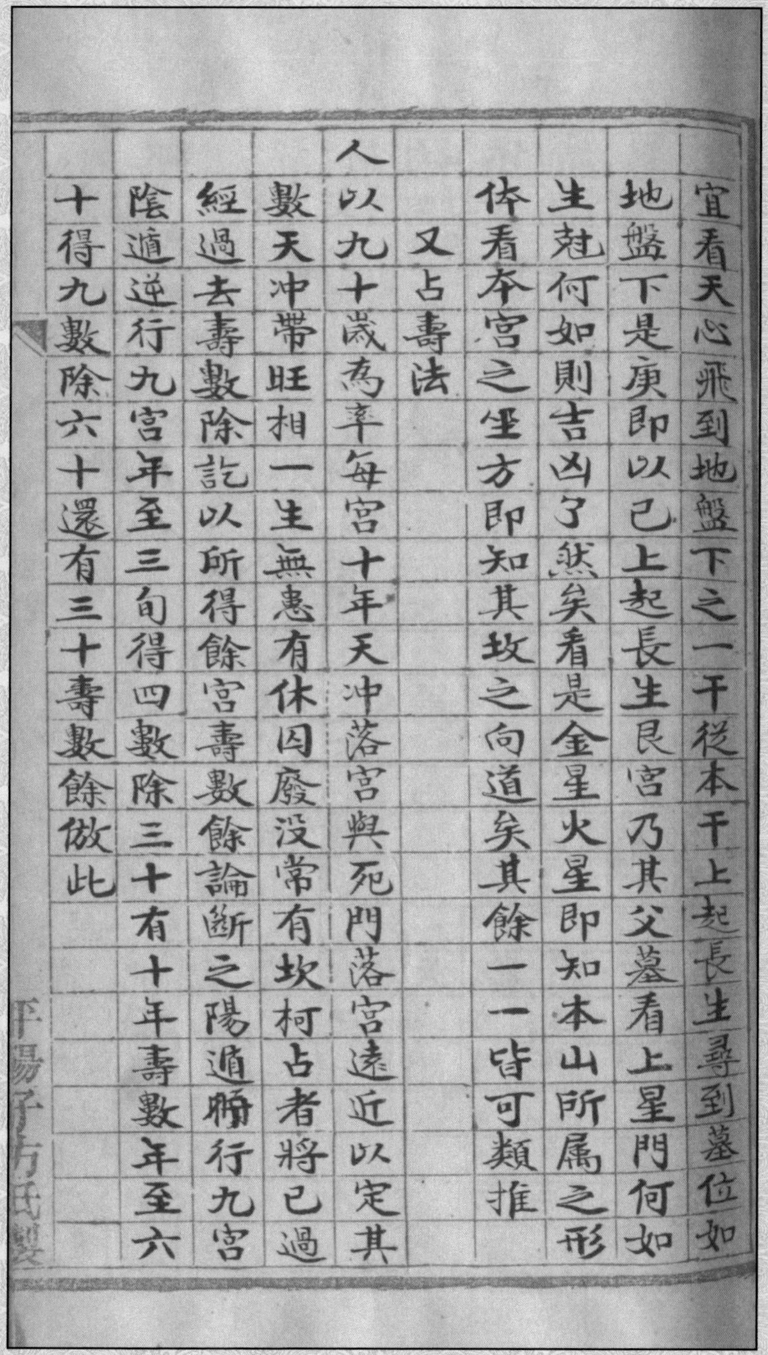

宜看天心飛到地盤下之一干從本干上起長生尋到墓位如地盤下是庚即以己上起長生艮宮乃其父墓看上星門何如生尅何如則吉凶了然矣看是金星火星即知本山所屬之形体看本宮之坐方即知其坟之向道矣其餘一一皆可類推

又占壽法

人以九十歲為率每宮十年天冲落宮與死門落宮遠近以定其數天冲帶旺相一生無患有休囚廢没常有坎柯占者將已過經過去壽數除訖以所得餘宮壽數餘論斷之陽遁順行九宮陰遁逆行九宮年至三旬得四數除三十有十年壽數年至六十得九數除六十還有三十壽數餘倣此

平陽子方氏製

家宅門第四

凡占家宅以直符為人　直符加八門為宅　地盤九星為對門　地盤九星之左宮九星為左隣　地盤九星之右宮九星為右隣　直符生八門宜居此地　直符尅八門主移居

符　空山長澗
勾　奴婢
白　道路
休　坎宅門路井泉
景　離宅灶司門路
甲　棟梁
戊　墻院廠房

螣　幼小卑妾驚痼
朱　鬼怪口舌
玄　盜賊小人
生　艮宅門路路徑
死　坤宅墳塋門路
乙　梁榭榻櫝重門臥榻
己　住基天井房屋

陰　女婢
地　暗室
傷　震宅門路樓臺大途
驚　兌宅門戶門路
丙　香火堂
庚　過道屋脊炉鑪

合　子女弟兄親女
天　明堂
杜　巽宅門路園圃
開　乾宅門路神堂
丁　廚灶
辛　屯積戶牖釜甑

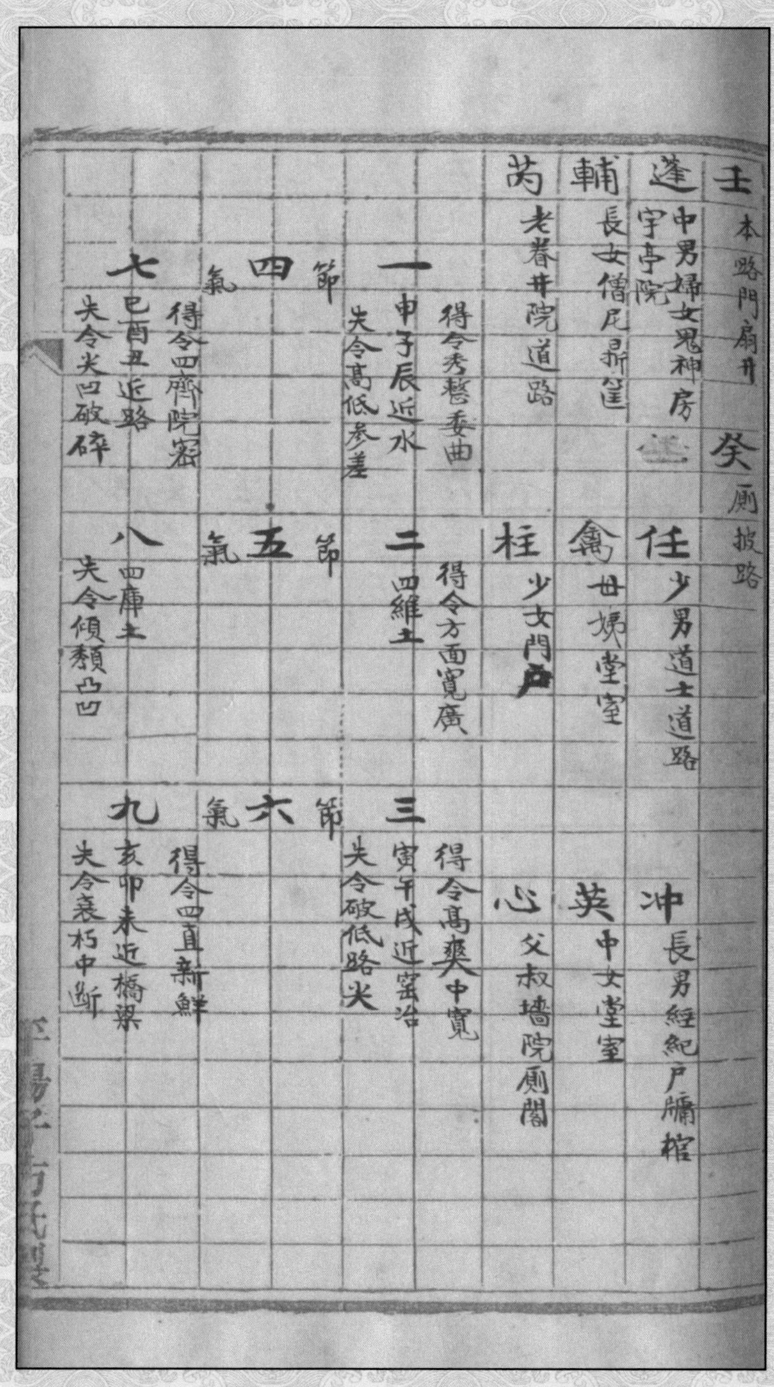

壬 本路門扇井

蓬 中男婦女鬼神房 宇亭院

輔 長女僧尼影堂

苪 老眷井院道路

癸 廁拔路

任 少男道士道路

禽 母婦堂室

柱 少女門戶

冲 長男經紀戶牖棺

英 中女堂室

心 父叔墻院廁閣

一 得令秀聳委曲 申子辰近水 失令高低參差

四 節氣

七 得令四齊院窩 巳酉丑近路 失令尖凹破碎

二 得令方面寬廣 四維土

五 節氣

八 四庫土 失令傾頹凸凹

三 得令高爽中寬 寅午戌近窯冶 失令破低路尖

六 節氣

九 得令四直新鮮 亥卯未近橋梁 失令衰朽中斷

八門生直符主此地興旺

八門尅直符主此地不利

地下九星生直符主對門和好

九星尅直符主對門不和

左九星生直符主左隣和

左九星尅直符主左隣不和

右九星生直符主右隣和

右九星尅直符主右隣不和

直符與地下九星之左右九星相生相尅亦同此斷

又法

八門木旺相其宅子孫清秀多貨殖

八門火旺相其宅子孫發達爵祿美盛

八門土旺相其宅子孫忠厚富貴安靜不擾

八門金旺相其宅子孫聰明過人有敢斷才

又法

以本屋坐向東南西北之地看占時六儀三奇三白門臨坐向又九星相生則主榮昌九星相尅則主傾敗亦簡要法也

又訣云

米白忌登天門勾辰忌據地戶門戶合陽宮陽宮星合旺相者宅宇軒昂合陰宮陰星者直廢因房廊破敗

孟甲前門路開旺光明合因歪破仲甲中門堂陽開整齊陰合破
隨季甲後門墻開旺壁生光逢合破損樣幽陷應其方

日干為人時干宅人宅相生多利益人若尅宅庶可居宅若傷人
任不得納音生尅與刑冲較取年命定禍福直符從中作主援
福神到堂許安逸

占宅直符逢休廢人眷房宇疑衰替飛宮本宮兩無傷前後新舊
皆遂意

直使從來怕被迫尅儀落空及反伏水是飄流火金勞土值刑傷
灾疫逐金水刑囚露風聲木火猖狂防回祿開杜生死若失宜
葬來門向宜改革

三奇六儀所臨宮逢生乘旺必興隆刑墓空亡格悖害休咎從類斷其蹤九星五行占六親得旺無傷喜慶新反伏二吟刑因墓宅眷災迍當細尋九宮起元論風水乘旺臨生為福祉假令飛符入鬼鄉從旁休咎因類取

虎入門兮人散雀帶刑兮吏追勾刑門兮宅禍虎害干兮人災螣符逢星值戰小口驚癇憂疑武會試宿當權小人邪祟作尊六合天柱子女怨尤大陰英景寵婢妾位九地庚辛鳥伏刃若遇鷩帶刑害暗中有損九天丙丁為飛牒若乘甲乙逢魁戰光怪須防朱雀再附丙丁喧爭聒耳玄武更乘壬癸霄小跳梁庚辛白虎得地而凶勢愈張戊己勾陳刑沖而破財立見燒身之虎

先凶後吉入土之蛇蟄後須防
宅宇軒昂返首青龍無刑害画棟雕梁跌穴祥鳥無刑傷藏風聚
氣遁格以叅詳拱護有情詐局中理會得使而堂搆森然守門
而家居清吉五假抽添偏宜三勝修造得吉乙加辛而房廊有
損辛加乙而虎頭房強癸加丁而厨死不利丁加癸而魅祟爲
殃伏干人宅不順飛干基址招殃伏宮招人妒害飛宮禍起蕭
墻大格小格冲射不利刑格悖格宅眷不昌白入熒兮防怪異
熒入白兮慎火光五不遇兮人有損羅網張兮見乖張六儀擊
刑凶災伏三奇入墓幽暗防天馬空陷無出路反復迫終非祥
吉凶格見防其類檢點六親何者當

此時遇门生宮上干生合下支乙丙丁六儀臨旺祿生宮生宅宅舍清寧人口平安進益田產布帛五穀進益之利如開門生宮有金玉財寶貴人之益詳八门生尅推之若凶星門尅宮地盤臨衰墓而又受傷者口舌灾厄獄病小人憂驚不免如陽星被傷陽人灾非陰星受傷陰口灾病若陰陽星被尅主陰陽男女之憂如乾為父坤為母震為長男之例若其人本命在墓絕之宮又被冲尅則灾非命絕若有比和逢生為難中有救

附修造訣

此時門生宮合吉格三奇六儀加臨旺祿長生之宮或日時遇貴人拱照宅主與坐向相生相合或天禽坐鎮中宮或太陽坐照映

生向乃為萬全吉慶發福非常若有諸家惡星反為我制則為我之用神百無忌也

又訣云

以主星為主宅之人以飛宮為所住之家宅俱宜生旺不宜廢衰更以得奇得門符詐為吉主星尅飛門財丁日盛飛門尅主星禍變為災主生飛雖有財而財源日耗飛生主既多進益而名利日饒星門比和百事平安若五不遇時干入墓羅網擊刑直符加庚時加六庚一切凶格犯之必大凶如三奇得使三詐九遁五假及鳥跌穴等格合之俱大吉又當有墓旺生死看本干為要緊凡符使吉則發福久符吉使凶先吉後凶在家吉在外

凶大人吉小人凶主吉婢凶符凶使吉反此可推已上符宮得其大略又當參看餘宮以定吉凶所自来

俱以宮生門者大吉門生宮者次之宮尅門者大凶門尅宮者次之更飛門之上有一干坐宮之下有一干上下一合配以格局格吉亦吉局凶亦凶兩支相冲害者因此宮其宅必有刑傷

占分居

坎離二宮為陰陽分位之始如自十一月至四月盡為陽以坎艮震巽為内離坤兌乾為外五月至十月盡為陰以離坤兌乾為内坎艮震巽為外以年為父母月為兄弟日為已身時為子媳按本局中支干推之如俱兩處為分居一處為不分居以宮分

支干照歲月定日期以旺相休囚定吉凶

占遷移

凡遷移方上三奇吉門再時得禽星四季日皆吉大吉天輔春夏大利天心秋冬利其餘星不利各以來占時看何星為天乙定之

婚姻門第五

凡占婚姻以直符為天　直符之下地盤九星為媒妁　以直使為女　直使之下地盤八門為粧奩

符　婚主

螣　唆使

陰　女妁首飾

六　婚媒禮物

勾　阻撓

白　刑尅

朱　口舌說合

玄　奸詐期瞞

地　遲滯遠涉女室

天　歡悅軒昂男家

休 坎方中男阻（滞）
景 離方中女虛（詐）
甲 男青長
戊 礼儀
壬 媒妁姑長潔（衣）
蓬 黑矮暗疾
禽 端正
心 風麗有為

生 艮方少男年（遲不等）
死 坤方無姑婆（囂）
乙 媒妁姑姨香（媚）
己 女敦厚
癸 婚期婆
任 湾背醜陋
英 赤紫細麻

傷 震方長男之（家更变）
驚 兌方少女殘（病）
丙 媒燥急
庚 奸詭刑闹
冲 雄声長瘦
芮 斑點黃黑大（腹）

杜 巽方長女稀髮（女家失約）
開 乾方老父救愈
丁 婢伏柔順
辛 媒紅白
輔 財富才貌
柱 清瘦狠厲声尖

淄黑聰明得令出悶貞靜得令敦實得令禮儀手彩

一申子辰　二羅土　三寅午戌

節　節　節

四　五　六

氣　氣　氣

得令名門大家　得令長秀飄逸

七巳酉丑　八四庫土　九亥卯未

黃潤剛決　失令刑尅孤寡　得令踐跛　失令臥折殘疾

直符時干尅直使女家肯男家不肯求若時干尅直使男求女家

直使尅時干男家肯求女家不允若直使生時干女求男家

直使加門生直符粧奩多若直使加門尅直符多要聘禮

直符下加九星生直使媒人為男家若尅直符則要男家財帛

直符下加九星生直使下加門媒人為女家若尅直使加門則要女家財帛

占女性情妍媸

凡占女之性情妍媸以直使加九星決之要遇旺相則美休囚則惡

直使加天蓬遇旺相主性情柔長慈愛主容貌白滑遇休囚奸狡形陋

直使加天禽天任天芮遇旺相主性厚重莊嚴其貌白美遇休囚黄瘦醜陋

直使加天冲天輔遇旺相主性正直無私其貌秀麗遇休囚枯髮
性暴
直使加天英遇旺相主性速明徹其貌光潔遇休囚兇暴紫色
直使加天柱天心遇旺相主性果决有斷其貌白潔光瑩遇休囚
濁而性硬
占係何家女
直使加戊巳旺相主田地廣濶或守土官家之女休囚耕種陶冶
之家
直使加辛旺相主武職法司理刑官家之女因武藝金銀銅匠之
家

直使加壬旺相主湖地田塘財帛富家之女休囚舟人網罟之家

直使加乙旺相主樓臺屋宇廣大財帛官家之女休囚植物手工之家

直使加丙丁旺相主聰明秀發奇特富貴家之女休囚鉄匠鑄造之家

直使加庚癸婚姻不成

又婚姻成合之占

龍逃走雀投江等三詐諸格伏吟反吟五不遇三奇入墓天網四張之遇此不成

又訣

男家責天門女家責地戶門值直符六合九天者男昌戶值太陰
九地者女盛
孟甲宜長男長女占　利於初婚
仲甲宜中男中女占　利再娶
季甲宜少男少女占　利再醮
陽惝無刑男家富饒　陰合無刑女家莊嚴
日干為男時干女納音生尅從中取時日生合兩和諧化從變体
有玄理化父化鬼事難成化子化財婚可許金木相傷責令時
水火尅濟上下舉大约休尅事無妨旺刑冲制非為美考取年
命並類神宮門優劣辨大体

男婚女嫁責陰六生旺相賓婚牘媵蛇朱雀是媒婆勾陳白虎破
婚局天地遲速玄詐虛直符婚姻大机軸
直符從来考破成方位老少亦同徵合占無尅誠為吉囚休空陷
枉勞情
三奇六儀判陰陽男女情形别樣粧奇不墓兮儀不擊正合旁合
錦段詳
九星分類識性情亦如身命考原因己過將来論時令富貴貧賤
透玄靈
起元水局多遥蕩得吉無刑真端相只嫌背特與孤虛勉强成親
坎坷狀

起元金局空剛形得吉夫榮妻貴情若是刑空並廢因到頭自碍
轉傷神

起元火局疑虛花得吉男才女貌佳若是背時與刑墓婚娶不久
面疾疤

起元水局主和柔清秀淑人君子逑若值刑墓囚空癈殘傷暗疾
不自由

起元土局兩和諧得令無冲屏雀開不犯刑冲空廢墓痴跛矮黑
不帶来

門戶吉泰兩相當門凶戶吉男不昌戶凶門吉女欠安門戶皆凶
男女殃

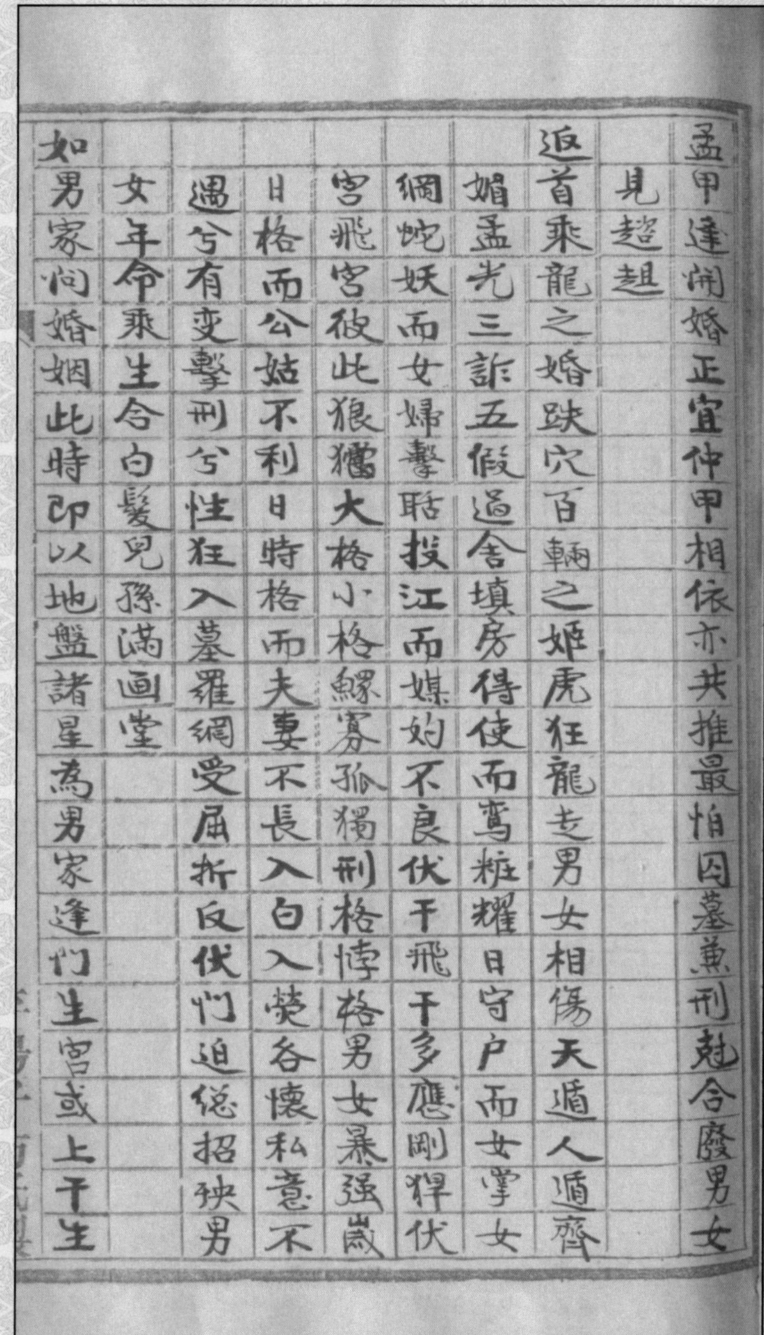

孟甲逢開婚正宜仲甲相依亦共推最怕因墓兼刑尅合廢男女見超越

返首乘龍之婚跌穴百輛之姬虎狂龍走男女相傷天遁人遁齊媚孟光三詐五假過舍填房得使而鸞粧耀日守户而女掌女綱蛇妖而女婦摯聒投江而媒妁不良伏干飛干多應剛猂伏宮飛宮彼此狼獨大格小格鰥寡孤獨刑格悖格男女暴強歲日格而公姑不利日時格而夫妻不長入白入熒各懷私意不遇兮有變擊刑兮性狂入墓羅網受屈折反伏門迫総招殃男女年命乘生令白髮兒孫滿画堂

如男家問婚姻此時卯以地盤諸星為男家逢门生宮或上干生

下干合吉格而干支日時逢生合其婚必成若門尅宮或上干尅下干或門迫相冲必不能成又如比和相善言之即成凡九星六儀三奇八門在旺祿之事主富貴之家若生墓逢生漸廢之家旺而受尅爲時退之家若論女貌人品以八門九星地將推之若逢生主人清奇逢尅爲不正或遇婦殘婚之類若男家問即以男爲主若女家問就以女爲主

又訣云

凡男家求婦女家求婚或方議結姻或將爲娶嫁則占訣乃以乙爲女庚爲夫如兩字落宮相生合則成相尅刑則不成又以天盤六合落宮爲媒人如六合生乙向女家生庚向男家庚宮尅

乙宮尅庚宮彼此互尅者不成乙宮帶擊刑主女兇惡帶德合女性貞良庚帶凶神夫性暴烈帶德合夫性渾厚

占招贅

女招夫須天盤六庚宮生地盤六乙宮庚上帶吉星夫性溫良兼得長久得凶星不利男求歸女須地盤六乙宮生天盤六庚宮可成返此不成

占娶婦

乙為女庚為婿兩宮相生比者如期娶嫁相尅害者有遷延又丙庚加年月日時干年月日時干加丙庚亦然更有他咎也

又占婚姻訣

以主星為求婚之人以飛門為所求之婚終以得奇門詐為吉更以生旺為吉主生飛婚難成或因求而有失飛生主其婚易成且因求而有得主尅飛門可成成之稍遲飛尅主不成敗亦有害欲知其人之美悪于飛門之体質見之欲知粧奩之厚薄于飛門盛衰見之欲知姓氏于飛門之五音辨之欲知性情于飛門之剛柔别之欲知所成之時于飛門之生尅兩干之冲合决之如符吉使凶久而有变符吉使吉即成使吉符凶其婚不成凶格亦不成也

胎產門第六

凡占胎產男女以時干為母　直符為父時干加地盤九星為子

專看三位相生則吉相剋則凶　以九星陰陽別其男女

星旺相則速產休囚則產遲　九星加六儀三奇為產之期要

在占者詳之

符：胎孕母

勾：產門

白：催產門

休：胎穩產遲主男

景：胎安產速

甲：胎酉養戌　生亥死午

戊：胎子養丑　生寅死酉

壬：胎午養未　生申死卯

螣：漏產小產

朱：胞衣

玄：惡濁

生：胎產利主男

死：胎產凶

乙：胎申養未　生午死亥

己：胎午養未　生申死卯

癸：胎巳養辰　生卯死申

陰：穩婆

地：胎神

傷：產母有驚男

驚：有折福之憂女

丙：胎子養丑　生寅死酉

庚：胎卯養辰　生巳死子

六：男女

天：產神

杜：防胎日（？）空女

開：利產忌胎男

丁：胎亥養戌　生酉死寅

辛：胎寅養丑　生子死巳

丙戊生寅丁己酉　此處戊同丙己同壬　配合亦狗

蓬　陽星　水旺氣

輔　陽星　木旺氣

柱　陰星　金旺氣

主男喜反此多坎坷　陽主男

一　申子辰

節　本局日時及未　申日寅時生

二　四維土

節

四

氣　本局日時及辰　巳日亥時生

五

氣　主双頂双生

七　巳酉丑

主女喜反此多刑害　陰主女

八　四庫土

任　陽星　土旺氣

禽　陽星　土旺氣

禽在子午為陽者　子午之東為陽　子午之西為陰

芮　陰星　土旺氣

沖　陽星　木旺氣

心　陰星　金旺氣

英　陰星　火旺氣

主男喜寅防虛驚

三　寅午戌

節　本局日時生或丑　寅日申時生

六

氣　本局日時生或酉日　卯時亥日巳時生

九　亥卯未

主女怕休囚

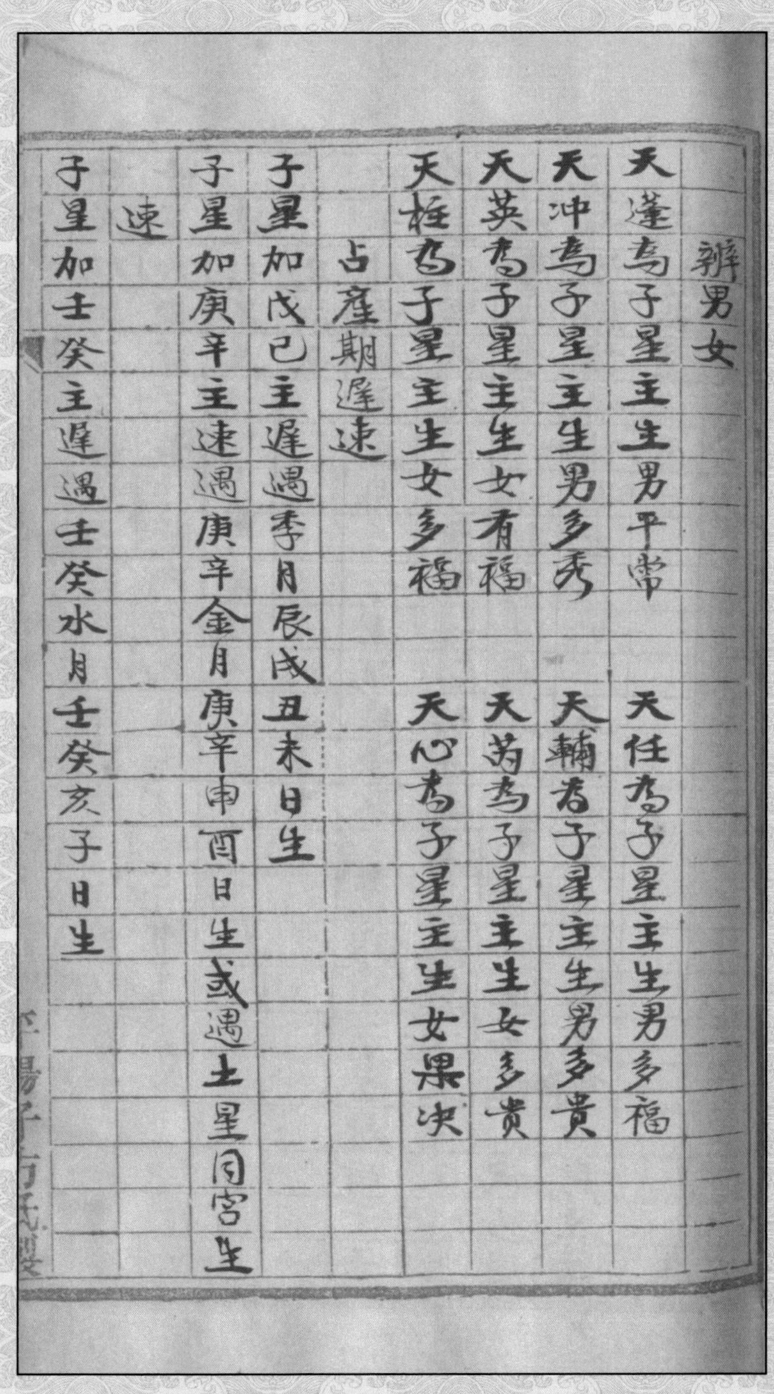

辨男女

天蓬為子星主生男平常

天沖為子星主生男多秀

天英為子星主生女有福

天柱為子星主生女多福

天任為子星主生男多福

天輔為子星主生男多貴

天芮為子星主生女多貴

天心為子星主生女果決

占產期遲速

子星加戊己主遲遇季月辰戌丑未日生

子星加庚辛主速遇庚辛金月庚辛申酉日生或遇土星同宮生

速

子星加壬癸主遲遇壬癸水月壬癸亥子日生

子星加甲乙主速遇甲乙木月甲乙寅卯日生
子星加丙丁主最速遇丙丁火月丙丁巳午日生

速與木星同宮本日即生

又訣云

時干魁子星主產易　子星魁時干主產艱難　子星魁時干子星同宮共魁時干主傷母　時干與直符共魁子星是父母雙魁子主喪子女　龍返首鳥跌穴玉女守門主易產　伏吟返吟諸格諸假諸遁主產速　五不遇三奇入墓天網四張主產死胎或產後死

又占法云

地户無刑產必穩天門吉馬產無虞門合陽星主男户合陰星主

女陽主男陰主女

孟甲胎穩產遲疑開男合女斷因依

仲甲胎懸產將孕開合小產沖刑机

季甲胎虛產即宇開合虎馬定時期

孟利初胎仲利中胎季利三胎看年命落何甲下

日干為母時干子納音之中辨男女順生利產逆生遲化合胎形

奇偶取旺相休囚與孤虛課无用神忌伏吟大象無疵是吉徵

化父化鬼憂危侔行年本命细消詳

天喜生氣時方舉產母直符子六合刑囚旺相吉凶訣騰白催六

是生期生地陰六合當出月惟求時日不傷符子母團圓不須
說專責符元起何親輸死之宮可生令吉凶男女細推詳

直使推詳懸與態門吉氣旺產豹龍陰門陰宮瑤池女刑格空亡
最忌逢宮制門兮多不育門制宮矣暑有驚若卜胎產合吉利
宮馬生旺天馬騰

儀主母兮奇主男生合刑囚逐類看胎養生死詳時日起元死加
上下採九星陰陽判胎孕生旺休囚時日論胎沒死廢孫與虛
起死宮次五刑門入墓逢生辨速遲當令孕寔產將近就裡刑
休可參詳入鬼入財與入印化空逢生產易容化死坐墓胎憂
闕

九宮起局分節氣節從阻滯氣順利胎臨馬公當轉移長生臨馬
產育易金火逢空將臨盆水木逢空擬不濟廢土空陷必墮胎
酌取年命斷來意

占斷胎產有妙訣門戶陰陽甲開合陽開問產保亨通陰合胎安
不須說逅首偏宜問孕趺穴占產焉祥白虎猖狂產母有驚青
龍逃走孕子悽惶遁格雖多吉利其中尚有微疵詐假雖無凶
格胎產各有宜忌三奇得使究儀神之陰陽以辨弄璋弄瓦玉
女守門辨宮次之生墓遂知男吉女祥蛇趺蹻而孕非禎物還
疑穩婆不良雀投江而子非長壽又兼小產須防伏干飛干產
母須防啾唧伏宮飛宮嬰兒未免狼猶大格小格子母難獲全

濟刑格悖格胎前產後多殃歲月格而胎重如山時日格而坐草艱難入白入熒胎產當分遲速而吉凶當逐宮推反吟伏吟胎產須辨星門而反伏各分三項星反而胎疑不蹇門反而臨產不祥若是星門皆反縱然產速有傷不遇兮實異擊刑兮凶殃入墓羅網產不利男女年命當審詳

天下生人同此一時而後貴賤之不同詳此時吉格奇門在方向宜對吉凶之格則生子貴賤可知或再加父年庚多少當生日生時演遁奇門必知富貴修短耳

又訣云

以主星為產母以飛星為所產之男女俱是逢旺不宜逢衰只宜

相生不宜相尅星尅门不利子子门尅星不利子母星尅飞而飞衰則子難救飞尅星而星弱則母難保星门比合子母皆安

欲別其所生之男女子飞门之陰陽辨之欲斷其所生之時日子生尅冲動斷之若五不遇直符加庚庚臨時干一切凶格犯之必凶如開门陽金主生男逢旺令其子必貴体圓色白骨堅氣剛杜门屬陰木主生女逢旺令其女必貴体長色青柔順餘可類推

又有一等符宮既是主生飞而使门乃是门尅宮其子既產而育即育不壽符宮既是飞生主而使门乃宮尅门其母先難後易先安後病不可不知

訣曰陽干現而生男陰干現而生女此死门内之干非符宫之干也盖星為母门為子故也能以本干論胎養長生則所生之時日了然矣

此時又有人占産育重看使门可也死门之陰陽得其大概死门内之暗干得其精微若遇三奇生旺必貴

又胎孕法

胎孕男女及産育難易論于坤卦坤上所臨门為胎天盤為産室産室尅门子不存坤尅上门胎不安门尅坤宫孕婦常疾天盤尅地盤胎孕不安得门屬陽為男胎陰為女伏吟為子戀母腹胎雖穩而産難見白虎為血光神其産甚速门到坤宫考為入

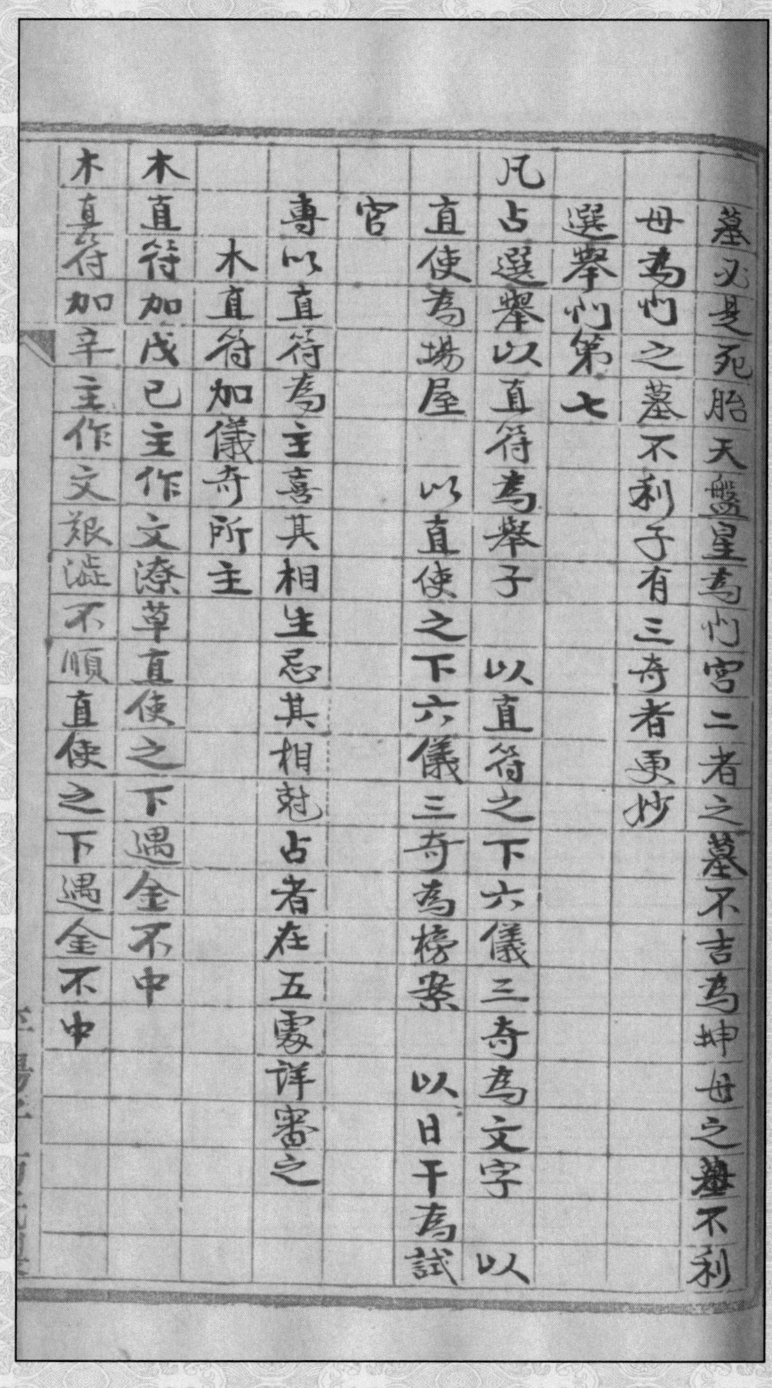

墓必是死胎天盤星為門宮二者之墓不吉為坤母之墓不利母為門之墓不利子有三奇者更妙

選舉門第七

凡占選舉以直符為舉子　以直符之下六儀三奇為文字　以直使為場屋　以直使之下六儀三奇為榜案　以日干為試官

專以直符為主喜其相生忌其相尅占者在五處詳審之

木直符加儀奇所主

木直符加戊己主作文潦草直使之下遇金不中

木直符加辛主作文粗疏不順直使之下遇金不中

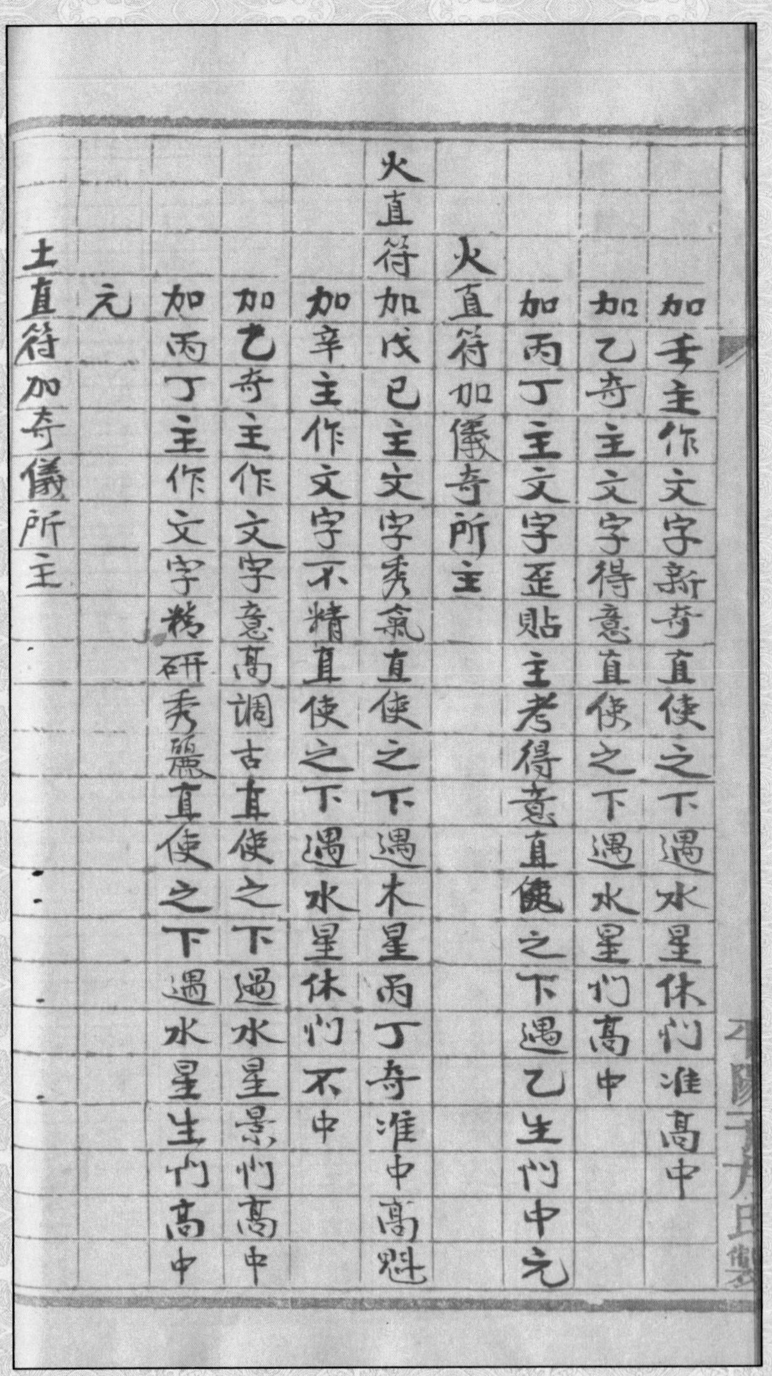

加壬主作文字新奇直使之下遇水星休門准高中

加乙奇主文字得意直使之下遇水星門高中

加丙丁主文字妥貼主考得意直使之下遇乙生門中元

火直符加儀奇所主

火直符加戊己主文字秀氣直使之下遇木星丙丁奇准中高魁

加辛主作文字不精直使之下遇水星休門不中

加乙奇主作文字意高調古直使之下遇水星景門高中

加丙丁主作文字精研秀麗直使之下遇水星生門高中

元

土直符加奇儀所主

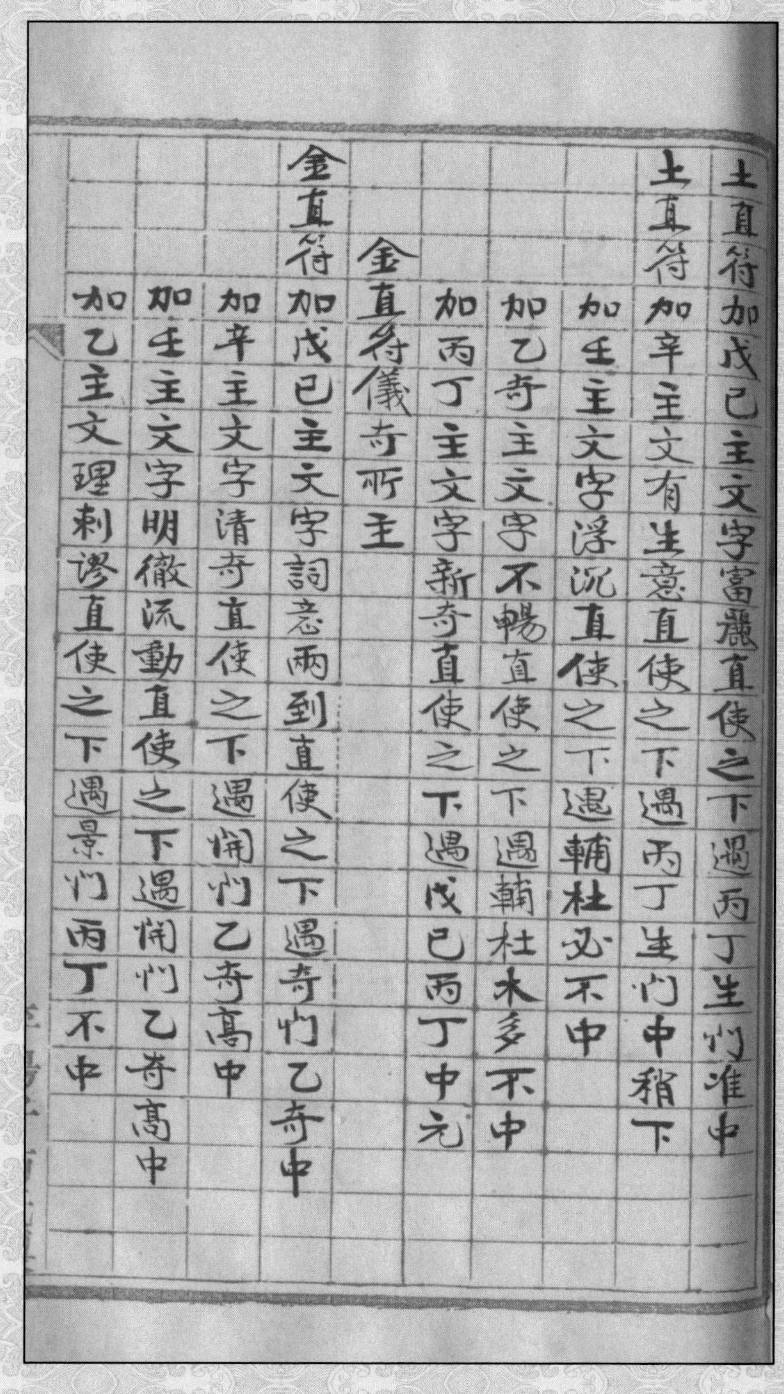

土直符加戊己主文字富麗直使之下遇丙丁生門准中

土直符加辛主文有生意直使之下遇丙丁生門中稍下

加壬主文字浮沉直使之下遇輔杜必不中

加乙奇主文字不暢直使之下遇輔杜木多不中

加丙丁主文字新奇直使之下遇戊己丙丁中元

金直符儀奇所主

金直符加戊己主文字詞意兩到直使之下遇奇門乙奇中

加辛主文字清奇直使之下遇開門乙奇高中

加壬主文字明徹流動直使之下遇開門乙奇高中

加乙主文理刺謬直使之下遇景門丙丁不中

加丙丁主文字不順直使之下遇景門離宮不中

水

水直符加儀奇所主

水直符加戊己主文字失主意直使之下遇死門坤地不中

加辛主文字清秀新奇直使之下遇死門坤地不中

加壬主文字流動活潑直使之下遇乙奇開門中元

加乙奇主文字多生机直使之下遇乙奇開門高中

加丙丁主文字浮沉不精直使之下遇死門戊己不中

又法主中類

龍返首　鳥跌穴　玉女守門

直符遇有奇有門相合　直使遇有奇有門相合

天遁　地遁　人遁　雲遁　風遁　龍遁　虎遁　神遁

鬼遁　人假　物假　神假　天假　地假

又主不中類

龍逃走　雀投江　虎猖狂　蛇夭嬌　直符加癸　庚加直符

直符加庚　伏吟　返吟　三詐五不遇　飛干　伏干　大

格　刑格　小格　月格　歲格　奇格　宮迫　門迫　三奇

入墓　日格　時格

利試占法

日元原為應試人時干卻是主考臨日支文章忌刑害時支場屋

所寄陳納音之中查取去等第優劣可詳分旺相生合為吉兆

刑囚墓截終遭迍日生主文宜睹屬主生（文）日擬中君文章再與主文合擲地金聲姓字芬推忌晦納逢刑制只空數穿又遺論兩支亦忌相刑害場驚塗抹要留心科試先須留直符逢生合旺可進國朱白身生名高耀句騰刑害卷糊塗年命日元九天位皇都以意唱傳臚

直使論名後與先開過九天御星鮮桂臨九地孫山外休景臨之不到前大狗用門無刑格害類多吉副榜邊

奇儀用神怕刑格飛伏宮次相推測三奇湊聚年命間來朝定作金害（擬）符星起伏忌孤虛背時刑魁終嗟吁八父八宮要身旺献策投書可曳栖起元專考飛伏宮弱飛旺兮可從龍官父互交多

得意比肮加臨恐落空將揭曉兮看天門吉星合生步青雲衹
入闈兮看地户得令生干中主文
三甲區分前後中陽憫星吉與生身以此堪言名已倫只從甲位
定等踪
返首跌穴無疵方以成名虎狂龍走有傷那以進步天遁人遁際
會風雲之客虎遁龍遁蟾宮折桂之人俱要填合年命用干始
可斷其天衢得路三假五詐從前折挫始亨通得使守門旁求
公荐方得意門户忌傷符使人元最怕休囚天馬上乘朱雀泥
封己出天衢蛇妖嬌而文不入式雀投江而卷或漏遺伏干飛
干疑臨場有變飛宮伏宮又慎場後生禍隔格進呈有阻悖字

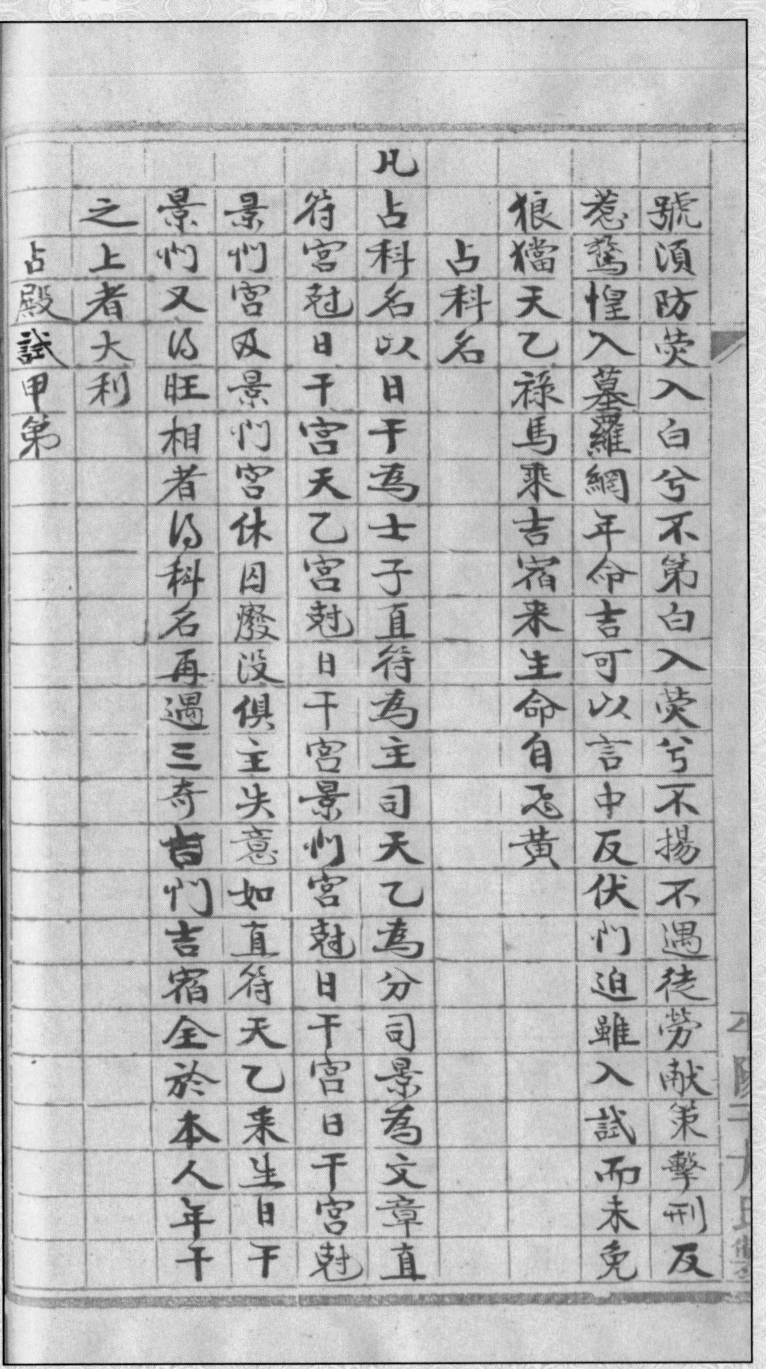

號須防熒入白兮不第白入熒兮不揚不遇徒勞獻策擊刑反惓驚惶入墓羅網年命吉可以言中反伏門迫雖入試而未免狼猶天乙祿馬乘吉宿來生命自飛黃

占科名

凡占科名以日干為士子直符為主司天乙為分司景為文章直符宮尅日干宮天乙宮尅日干宮景門宮尅日干宮日干宮尅景門宮及景門宮休囚廢沒俱主失意如直符天乙乘生日干景門又得旺相者得科名再遇三奇吉門吉宿全於本人年干之上者大利

占殿試甲第

以太歲為天子月建為主司日干為士子景門為策論景門得旺相之宮又得三奇並太歲月建來生日干者為鼎甲不得三奇而有太歲月建來生日干者為二甲不生日干又無三奇為三甲

占小試

凡士子小試以天輔為試官日干為士子六丁為文章六丁得旺方更遇天輔來生又得三奇及開休生景四吉門者為上吉文星旺試官生不得三奇吉門者為次吉文星雖旺而試官不生或試官生而文星不旺僅得中平文星不旺又剋辛有三奇吉門者為下試官剋害文星不旺日干又在休囚宮又無三奇吉

門或臨死門及諸凶格者凶

占考期

士子候考未知何期者以天輔為試官冬至坎至巽為內離至乾為外夏至自離至乾為內自坎至巽為外文星在內者主上半年在外者主下半年冬至後以十一月至四月為上半年夏至後以五月至十月為下半年更以所落宮分野以定日期以十二支配八卦訣之

占試武

以直符為試官時干為士子甲申庚為箭甲午辛為紅心景門為策論專以甲申庚落宮尅甲午辛宮或相沖為箭中紅心再看

景門日旺相又與直符相生者利再有三奇吉門吉宿加本人年庚大利

占投武

天冲為武士直符為主師直符宮生天冲宮天冲宮生直符宮則利彼此相尅不利天冲即作直符大利遇伏吟反吟不利

占功名成就

若提學來臨本府以官為客諸生為主學道坐於所考地方以官為主諸生為客此時若主尅客是諸生為主則名成無阻若宮為主尅者名難成客主相生比和干支同契求名易成矣

求名

以主星爲求名之人以門爲求之之名主星剋門其名必得得之頗難門生主其名自求之之甚易主星生門非惟名不救又因就而破財又因求而有禍又當審其旺衰以配得失吉凶之數總以奇門詐爲吉其方向應期亦當以八門定

官祿門第八

官祿占

符	勾	白	休	景
官僚品秩 陞除謫降	總制鹽政	總戎	青齊吳 濱海	邕周雍 審治

螣	朱	玄	生	死
行人游府 織造廷尉	科道	梳科水營	揚幽燕 邊山	秦益晉 土穀

陰	地	傷	驚
兵刑工 錢廠	屯衛 有司	豫宋兗 濱海	冀趙 巡關

合	天	杜	開
吏戶禮	巡撫	鄭荊楚 濱江	隨魯并衛嶺省 下

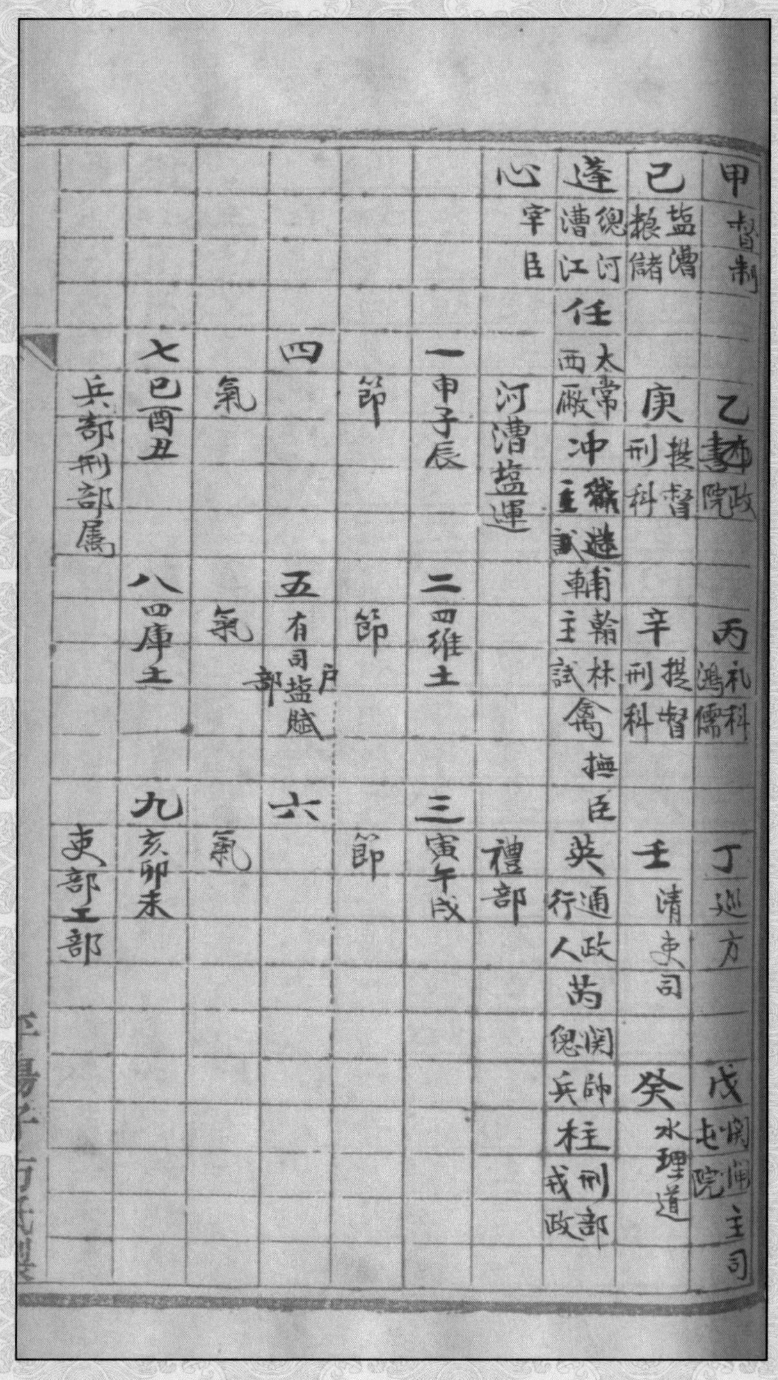
甲 督制
乙 布政 書院
丙 礼科 鴻儒
丁 巡方
戊 閘閘 主司 屯院

己 塩漕 糧儲
庚 提督 刑科
辛 提督 刑科
壬 清吏司
癸 水理道

蓬 總河 漕江
任 太常 西廠
冲 織造 主試
輔 翰林 主試
禽 撫臣
英 通政 行人
芮 閲帥 總兵
柱 刑部 戎政

心 宰臣
河漕塩運
禮部

一 申子辰 節
二 四維土 節
三 寅午戌 節

四 氣
五 有司 戶部 塩賦 氣
六 氣

七 巳酉丑 兵部刑部屬
八 四庫土
九 亥卯未 吏部工部

凡占宮以尅直符爲官星直使之下爲地方以分野決其何處

假如直符本宮有儀奇尅直符者得官最速若在占日旺相地亦主速不在本宮而在直符之下地盤有尅直符者得官稍遲若在占日旺相地不久可得若在他宮以宮分決之

假如陽遁直符臨八宮尅直符者在九宮只隔一宮一年可得官尅直符者臨一宮又隔二宮二年得官餘皆倣此

假如直使之下地盤所得之宮與門要與直符之官星相生比和則有好地方且最顯達若官星尅宮門不宜此地方另圖他處若宮門尅官星則官尚未陞遷主遲也

本直符得官星所主

木直符遇戊己各土星主用財求榮尚未就職無丙丁奇同宮不能得職

木直符遇辛有三奇同宮扶助主得官最速

木直符遇乙有同類犯奪地盤有丙丁辛合主得官否則主遲

木直符遇丙丁尚在干祿貴人營謀官爵地盤遇元辛主得官職

木直符遇庚癸俱不得官職

火直符得官星所主

火直符遇戊己有求幹未妥主得官尚遲

火直符遇辛用財干貴地盤不遇丙丁壬水主不得官

火直符遇壬有丙丁在地盤主得官在頃刻

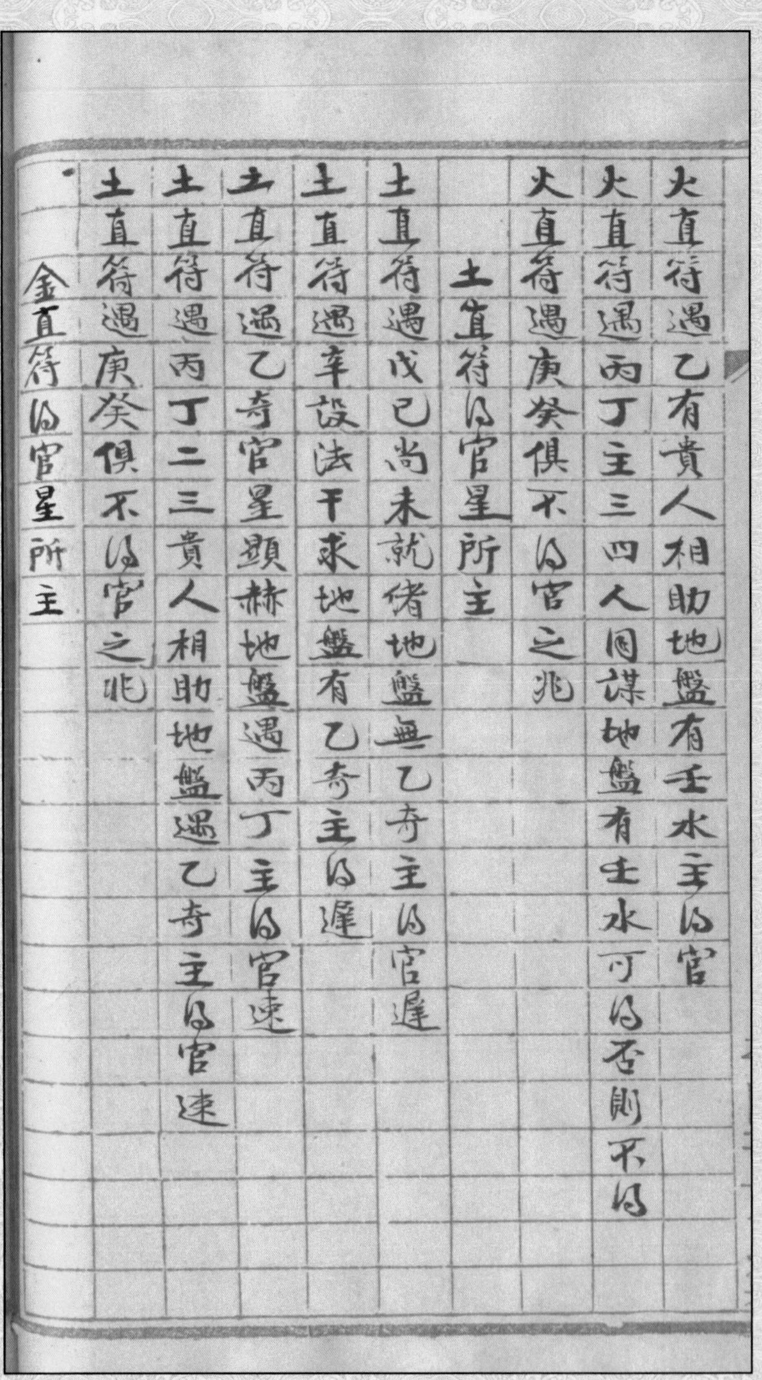

火直符遇乙有貴人相助地盤有壬水主得官

火直符遇丙丁主三四人同謀地盤有壬水可得否則不得

火直符遇庚癸俱不得官之兆

土直符得官星所主

土直符遇戊己尚未就緒地盤無乙奇主得官遲

土直符遇辛設法干求地盤有乙奇主得遲

土直符遇乙奇官星顯赫地盤遇丙丁主得官速

土直符遇丙丁二三貴人相助地盤遇乙奇主得官速

土直符遇庚癸俱不得官之兆

金直符得官星所主

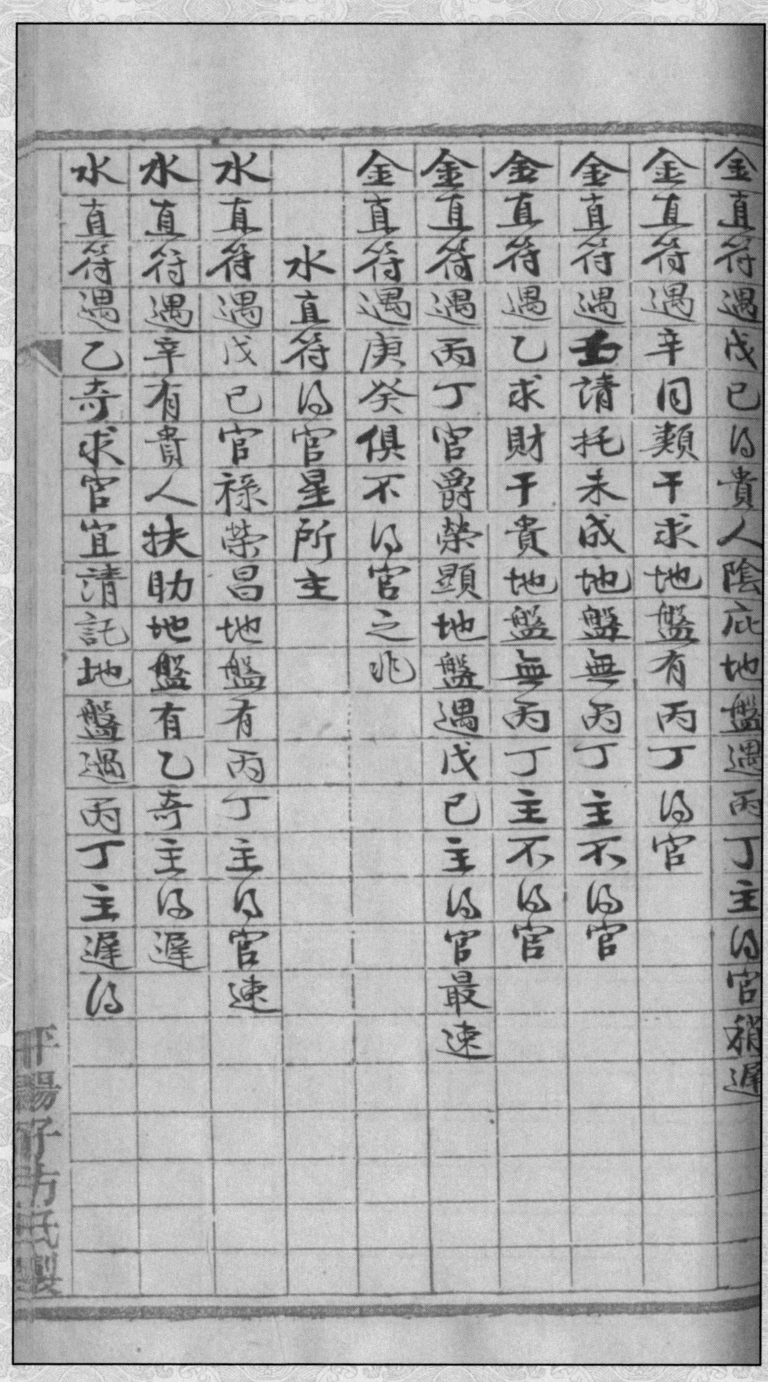

金直符遇戊己得貴人陰庇地盤遇丙丁主得官稍遲
金直符遇辛同類干求地盤有丙丁得官
金直符遇壬請托未成地盤無丙丁主不得官
金直符遇乙求財干貴地盤無丙丁主不得官
金直符遇丙丁官爵榮顯地盤遇戊己主得官最速
金直符遇庚癸俱不得官之兆
水直符得官星所主
水直符遇戊己官祿榮昌地盤有丙丁主得官速
水直符遇辛有貴人扶助地盤有乙奇主得遲
水直符遇乙奇求官宜請託地盤遇丙丁主遲得

水直符遇丙丁貴財營求地盤遇乙奇主遲以

水直符遇庚癸俱不以官之兆

占任所地方以直使加八門決其方向

直使加休門主冀州趙分　直使加生門主兗州鄭分

直使加傷門主青州齊分　直使加杜門主徐州魯分

直使加景門主揚州吳分　直使加死門主荊州楚分

直使加驚門主梁州晉分　直使加開門主雍州秦分

直使加五中主豫州宋分

占以何職

直符遇官星屬木主禮部禮科風憲合祿之職

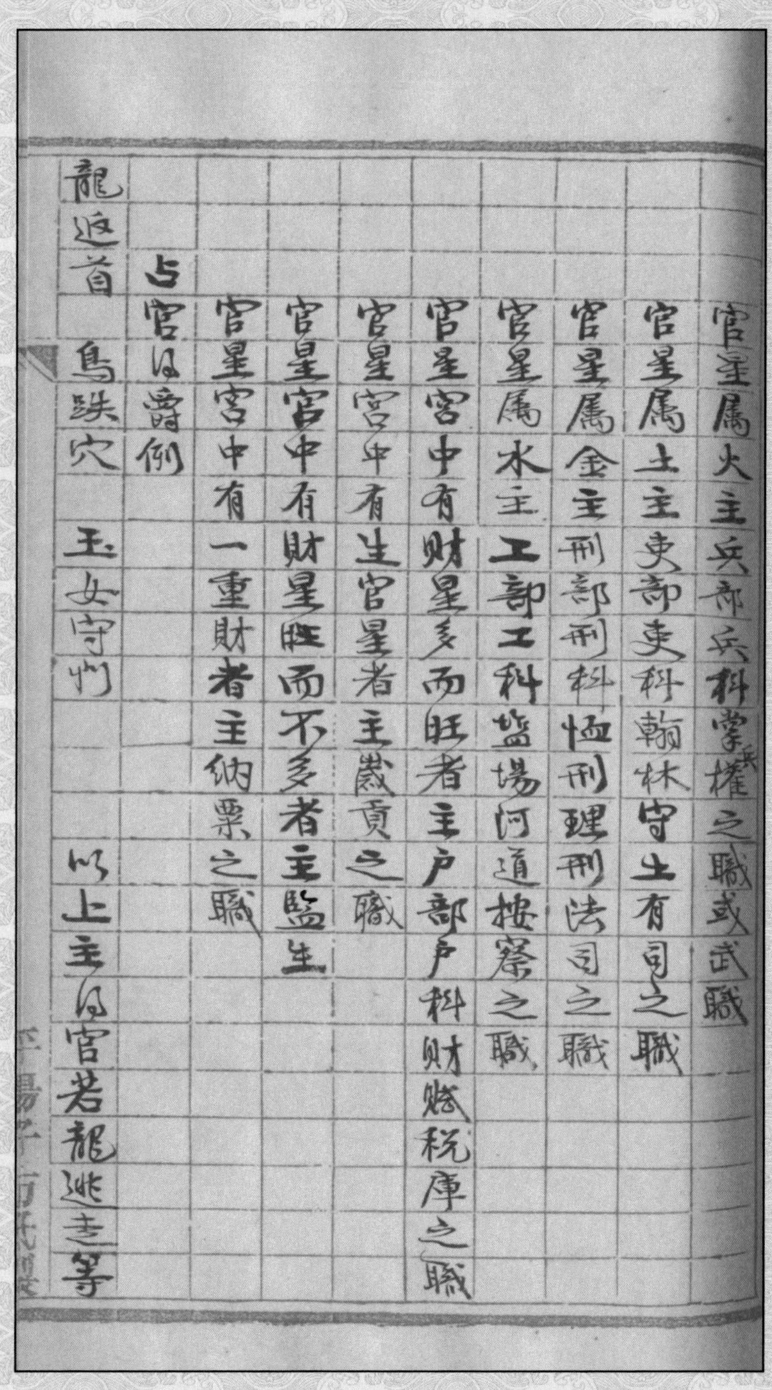

官星屬火主兵部兵科掌兵權之職或武職

官星屬土主吏部吏科翰林守土有司之職

官星屬金主刑部刑科恤刑理刑法司之職

官星屬水主工部工科鹽場河道按察之職

官星宮中有財星多而旺者主戶部戶科財賦稅庫之職

官星宮中有生官星者主歲貢之職

官星宮中有財星旺而不多者主監生

官星宮中有一重財者主納粟之職

占官品爵例

龍返首　鳥跌穴　玉女守門　以上主品官若龍逃走等

各遁各假各格二吟五不遇三奇入墓之類俱不論也

又占訣

外轉責天門內轉責地戶年命官星遇門戶乘天德天乙天馬者陞年命值刑格悖伏官星與門戶相傷者降

孟甲主春選秋選　仲甲主夏選冬選　季甲主歛取行取

吉星值開利推薦　凶星值閉慎泰光

時干為卯日干官納音藏化品秩看官印相生多益利品秩衰旺逐時探傷符未保前程遠傷使地方恐不安最怕截空與刑墓陞除謫降有來原

值符占官品秩階旺相休囚著意裁誰生誰尅看宮取進退加臨

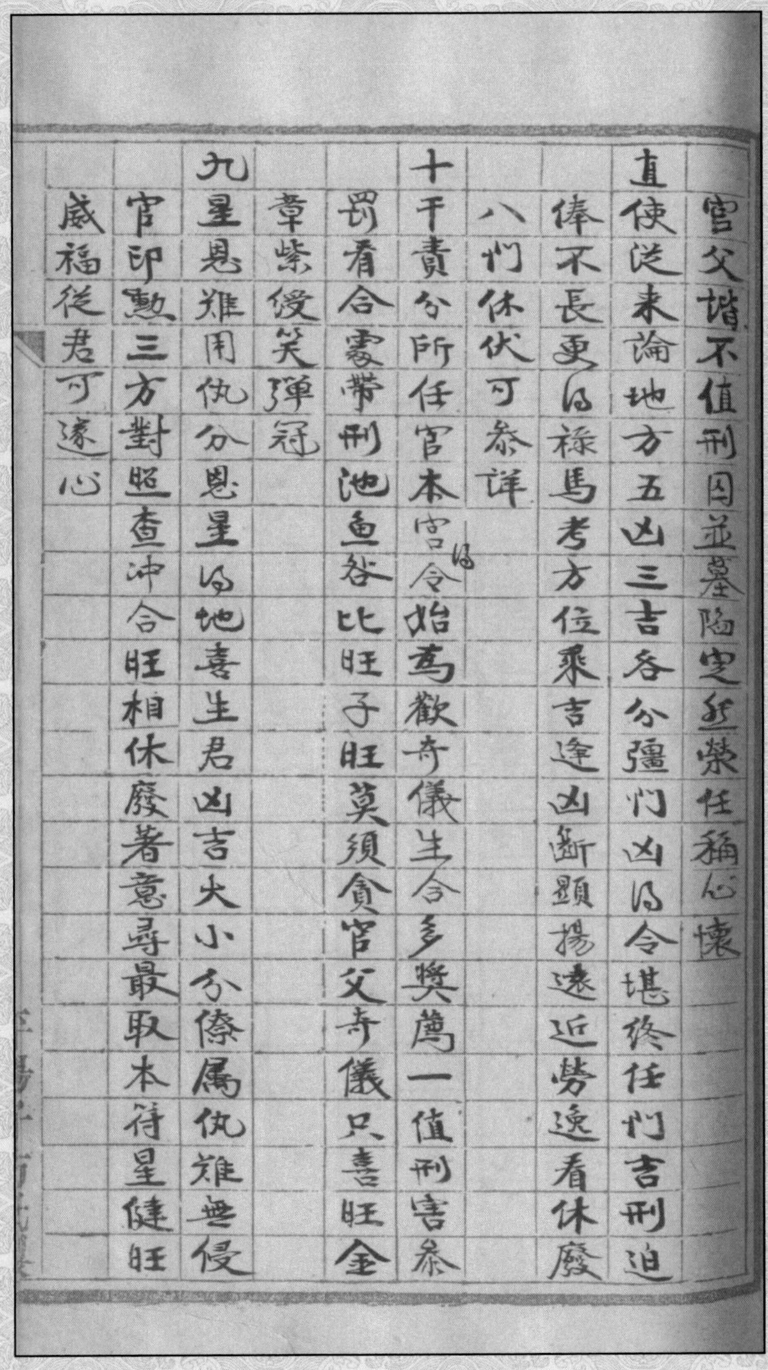

宫父皆不值刑因並星陷定無榮任稱心懷

直使從來論地方五凶三吉各分彊门凶仍令堪終任门吉刑迫

俸不長更仍祿馬考方位乘吉逢凶斷顯揚遠近勞逸看休廢

八门休伏可参详

十干責分所任官本宫仍令始為歡奇儀生合多奬薦一值刑害忝

罰看合處帶刑池魚咎比旺子旺莫須貪官父奇儀只喜旺金

章紫侵笑彈冠

九星恩難用仇分恩星仍地喜生君凶吉大小分僚属仇難無侵

官印勲三方對照查冲合旺相休廢著意尋最取本符星健旺

感福從君可遂心

九宮起元論轉遷惟選所屬遂元言新舊起伏宮局数所治職事
亦相兼水元轉金當署篆木元轉水俸加添最忌官元入子合
刑害窒陷是堪嫌
門戶內轉與外轉年命貴人祿馬墓吉星會合指日陞凶神迫害
宮不遠三甲開闔有神机開則推遷闔則遲孟仲季分時令斷
半開半闔是帮推返首兮欽取陞擢跌穴兮俸深歲深虎狂兮
筮時不利龍走兮任所蹺蹊得遁格利以除授逢假格可以掛
冠三詐利求獎薦三勝喜賣年命得使而上下歡心守門而地
方稱心三門四戶切莫刑部符命天馬私門最忌勾白朱螣蛇
嬌嬌而地方有變准投江而文案閑心伏干飛干在京科道之

杀戮之宮伏宮在任督撫之尤罪大格小格士民怨嗟而居任不滿刑格悖格同僚不睦而宦途多岐熒入白兮宜防賊寇白入熒兮須慎災殃年月日時逢悖格已過將來自可詳五不遇兮難以選調六儀擊刑任所有傷入墓羅網居官不顯反伏門迫她道不良符使休囚未必終任年命用陷那得還鄉大約元星旺氣時日又得相帮年命逢恩值吉天守照為祥

占陞遷

開門加生旺宮再有三奇德合吉格者陞遷再遇太歲月建乘吉神來生高擢甚速或有吉格不旺相或旺相無吉格或旺相吉格太歲月建不來相生亦為不利

占徵名

太歲爲皇恩月建爲銓部日干爲自己太歲月建乘星同生日干落宮得吉格局主喜反此不能

占降罰

開門到鬼廢休囚之方或上帶擊刑入墓迫制者不利主有降罰之應

占上官

上官時所向々東看東方所得宮神向南看南方所得宮神以得吉格爲上吉所向方得吉格者陞選無吉格星旺相者責降無吉格星廢休沒囚者罷黜有凶格不利遇反伏二吟五不遇時

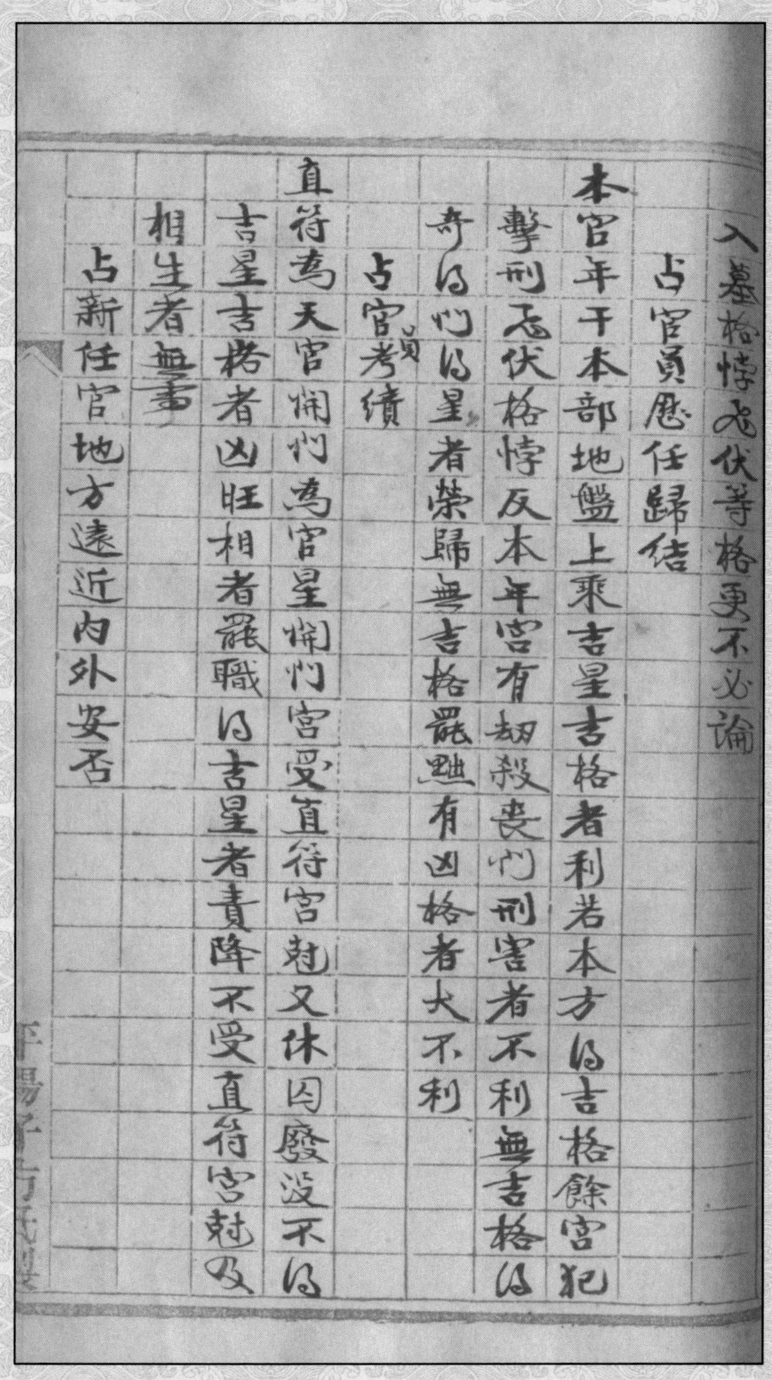

入墓格悖飛伏等格更不必論

占官員歷任歸結

本宮年干本部地盤上乘吉星吉格者利若本方得吉格餘宮犯擊刑飛伏格悖反本年宮有刼殺喪門刑害者不利無吉格得奇得門得星者榮歸無吉格罷黜有凶格者大不利

占官員考績

直符為天官開門為官星開門宮受直符宮尅又休囚廢沒不得吉星吉格者凶旺相者罷職得吉星者責降不受直符宮尅及相生者無事

占新任官地方遠近內外安否

天禽落宮落帝畿餘為外地各宮六儀三奇為分野遇甲戌同宮陽日用干陰日用戊開門落宮上有天蓬盜賊六庚亂兵丙壬旱澇不犯者平安各以本帮分野以定地方之遠近

占新任官美惡並何處人

凡有新任欲預知人以開門為官星九星為人品天干為分野如開門上乘吉星為好人凶星為惡人天輔文雅天任慈善天心正直天禽忠厚天冲風厲天英昏烈天芮貪毒天柱奸詭天蓬大惡甲寅乙海外及東夷丙楚丁儺江淮南離戊己韓衛中州河濟庚秦辛華壬燕趙癸常山

謁見門第九

占謁見

凡占謁貴人以時干為我　以直使之下六儀　三奇為所謁之人

時干生儀奇主我干求他可見　時干尅儀奇主我傷他難得見　儀奇生時干主貴人有力即刻見　儀奇尅時干主貴人無力不相見

占謁何人

直符加戊己主富厚敦實忠樸老實之人　直符加庚辛主武職威權清白性剛伶俐之人　直符加壬癸主田地絲綿衆多校滑不測之人　直符加乙奇主清操貴人正直無私性戇之人

直直符加丙丁主陶治廣廈知机通明性燥虛詐之人

又法

伏吟主在家不肯相見　返吟主二三次方見　龍返首主相見」
「鳥跌穴主相見　雀入江主不相見　五不遇主不相見　九
遁主相見　五假三詐主不相見　諸格諸迫主有人阻隔不
通音問不得見

又訣

此時干支相生門宮比合而合吉格在于生氣之宮見而有益若
所求之人生我者稱意美滿如生彼見則艱難因求而返退財
逢尅我者合凶格因求而招非或自取辱耳
休門宮分為所見之人時干宮為干謁之人休門宮生時干宮時

干宮上再看三奇臨則遂意相尅制再無三奇不得見或不喜悦干求亦不如意又須傚此旺相則見休囚不吉又所往之方得休門得見開生二門求即見餘門不吉

占訪友

訪友尋人以所往之地以地盤為主天盤為客要相生合再得吉門去必相遇若門凶上下二盤相尅則不遇庚逢年月日時為格不利

占訪人

所訪人在東北則看八宮所得地盤主星生對沖宮及受對沖宮乘星尅皆主相遇如東北西南兩方中有吉格所求皆遂凶格

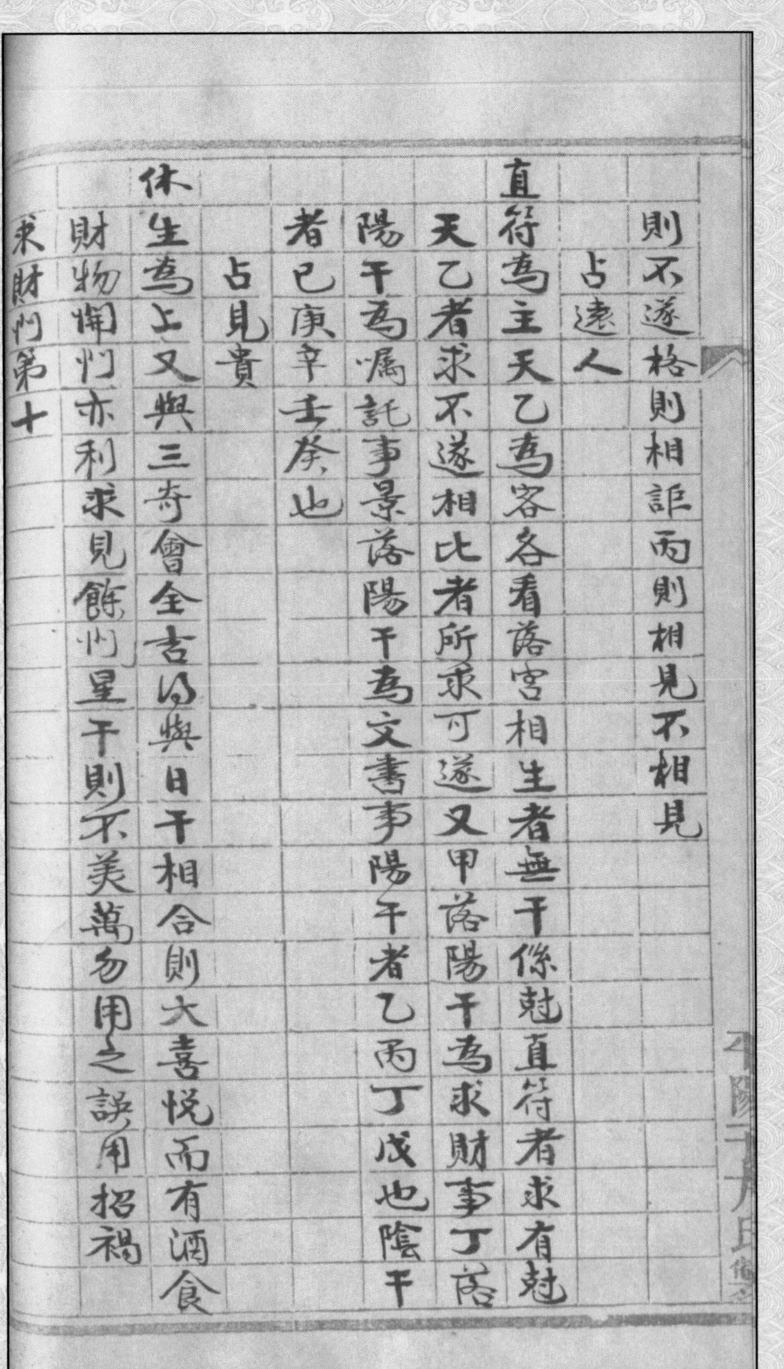

則不遂格則相詎而則相見不相見

占遠人

直符為主天乙為客各看落宮相生者無干係魁直符者求有魁天乙者求不遂相比者所求可遂又甲落陽干為求財事丁落陽干為囑託事景落陽干為文書事陽干者乙丙丁戊也陰干者己庚辛壬癸也

占見貴

休生為上又與三奇會全吉如與日干相合則大喜悅而有酒食財物御門亦利求見餘門星干則不美萬勿用之誤用招禍

求財門第十

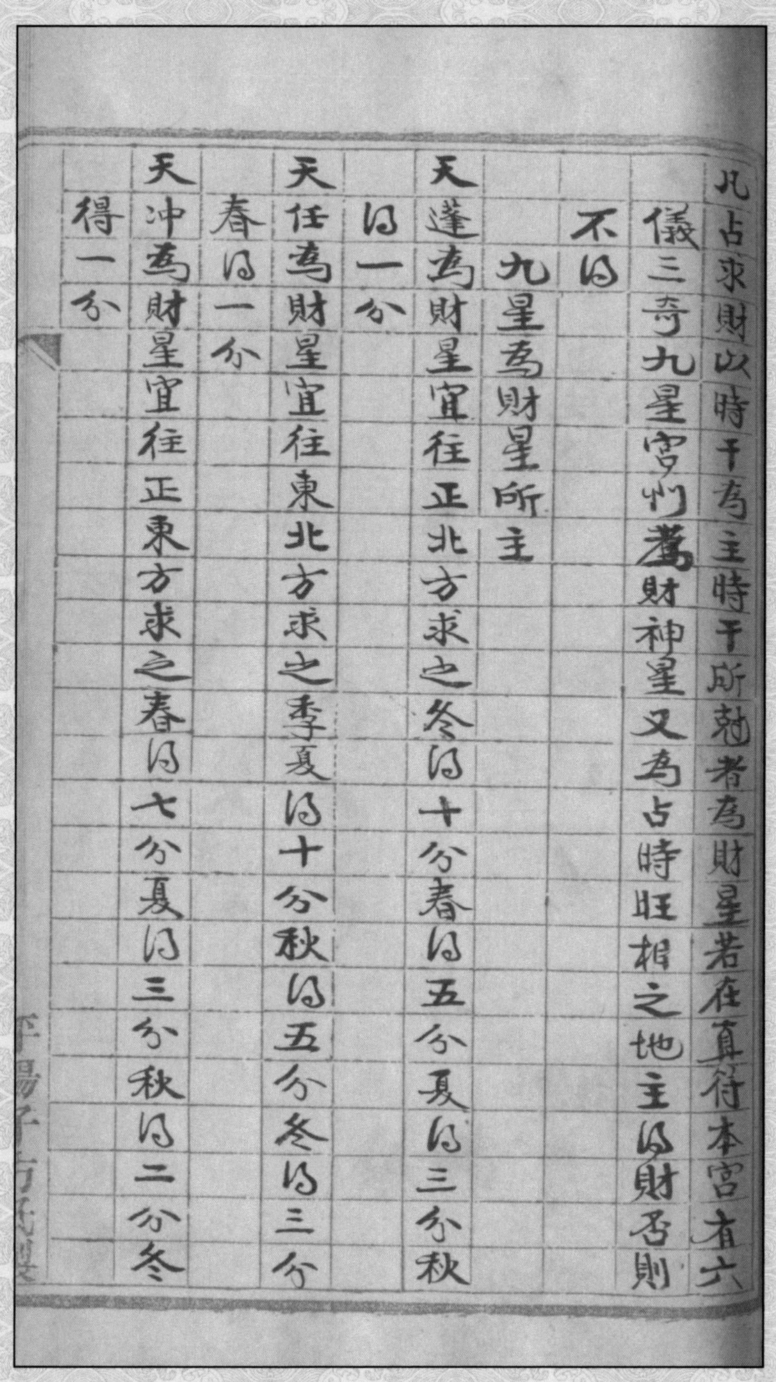

凡占求財以時干為主時干所尅者為財星若在直符本宮有六儀三奇九星宮門為財神星又為占時旺相之地主得財否則不得

九星為財星所主

天蓬為財星宜往正北方求之冬得十分春得五分夏得三分秋得一分

天任為財星宜往東北方求之季夏得十分秋得五分冬得三分春得一分

天沖為財星宜往正東方求之春得七分夏得三分秋得二分冬得一分

天輔為財星宜往東南方求之季春得七分夏得三分秋得二分
冬得一分
天英為財星宜往正南方求之夏得八分季月與春得四分秋得
二分冬得一分
天柱為財星宜往正西方求之秋得九分冬得五分春得二分夏
得一分
天禽天芮為財星宜往西南方求之季夏得七分秋得五分冬得
二分春得一分
天心為財星宜向西北方求之秋得九分冬得五分春得二分夏
得一分

三奇為財星所主

乙奇為財星宜往東方乙奇所臨之宮生乙奇所得東方貴人之財

丙奇為財星宜往南方丙奇所臨之宮生丙奇主得南方貴人之財

丁奇為財星宜往東南方丁奇所臨之宮生丁奇主得東南方貴人或陰人之財

八門財星所主

開門為財星宜往西北方得貴人之財

休門為財星宜往北方得富家之財

生門為財星宜往東北方得田土之財
傷門為財星宜往東方得植物之財
杜門為財星宜往東南方得器皿之財
景門為財星宜往南方得飲食之財
死門為財星宜往西南方得喪亡之財
驚門為財星宜往西方得憂恐之財

六儀財星所主

甲子戊為財星主爭訟田土索討貿債谷米之財
甲戌己為財星主售男女飲食磚瓦屋宇之財
甲申庚為財星主遭刑受辱死亡爭鬧逃亡之財

甲午辛為財星主陰人小人暗昧不明金宝之財

甲辰壬為財星主湖地田塘絲帛五谷文墨之財

甲寅癸為財星主管鑰水器魚網斗檻布帛之財

又法

龍返首　鳥跌穴　玉女守门　遇此准得財否則凶星俱不得也

又占訣云

財看生门落何宮再看上下二盤格局吉星吉格所求如意一有不利所求僅半休囚不吉又忌三吉不得全上下尅則事不成若吉门三奇全生比旺相和美主成

占求財

地盤時干在地內上求三奇休生二門天盤甲子戊亦在內地會開門此財甚速不會三門其求遲又以本宮所求何支定期限若時干與甲子戊俱在外或一內一外主遲伏吟亦遲空亡終不求

又生占訣云

日元為人時元財兩支中間貨物胎納音之中定市價孤虛旺相着意裁日尅時兮可有財時尅日兮惱心懷買貨時支分貴賤生合人元可置來賣貨日干論休旺最喜時干又作財日納如若尅時納倍息生意此一回時納如若尅日納空費心机事不

詣一切術藝圖維事亦喜生鬼化財大抵上下無刑害始終如
意不須精索債追捕他受制支納生干可以來
直符貨物交易情或生或旺休廢刑賣貨生旺宜售客買貨休囚
當速成六合中人忌尅體勾如傷用必如行朱玄傷人防失脱
又恐腐爛貨不真九地生身宜堆積九天生合賣遂心就是空
拳去覓利亦喜符旺又逢生
直使求財出入方門無傷制利偏長門吉庚臨生旺地腰纏十萬
可行藏若以用門守財令生賈行商不用忙
奇儀詳分子與財子旺財生可遂懷最喜財庫臨身命到手之時
此中快

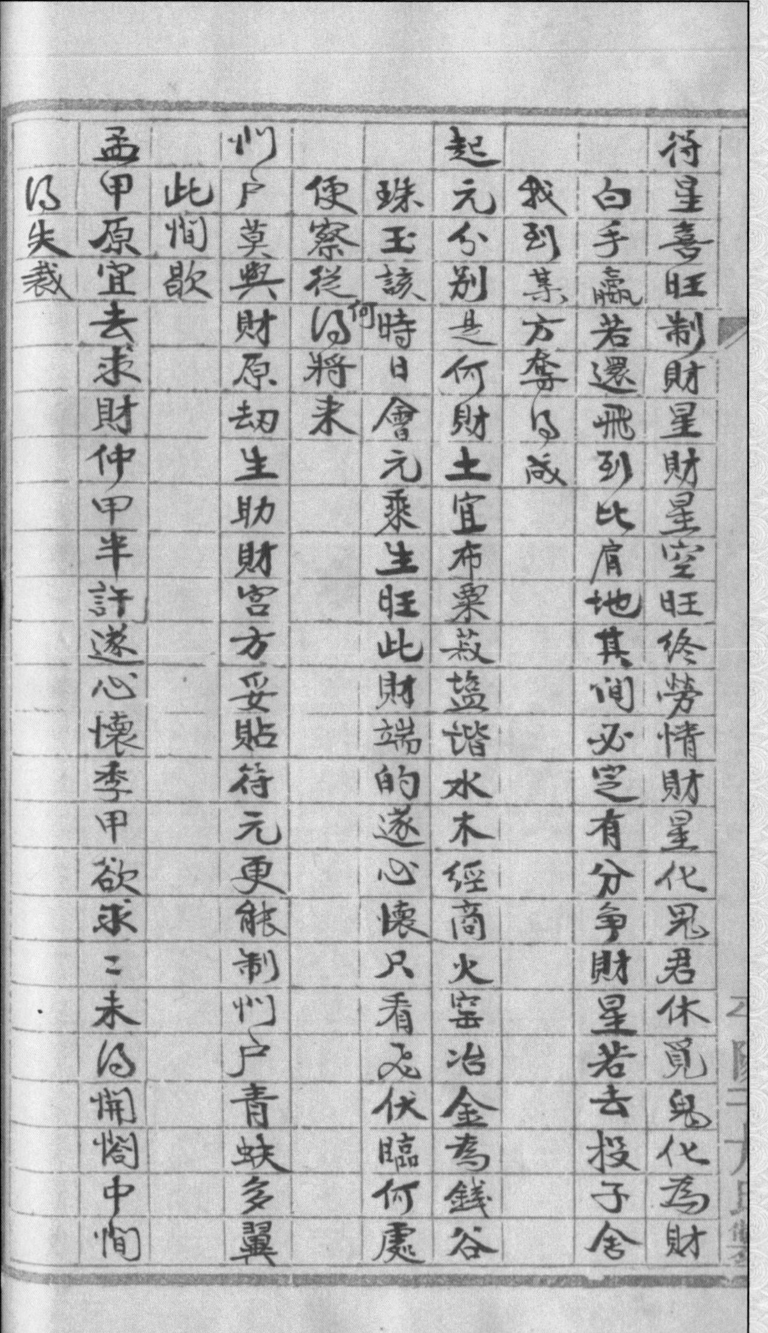

符星喜旺制財星財星空旺終勞情財星化鬼君休覓鬼化為財
白手贏若還飛到比肩地其間必定有分爭財星若去投子舍
我到某方奪乃成
起元分別是何財土宜布粟菽鹽諸水木經商火窰冶金為錢谷
珠玉該時日會元乘生旺此財端的遂心懷只看飛伏臨何處
便察從何乃將來
门戶莫與財原劫生助財宮方妥貼符元更能制门戶青蚨多翼
此間歇
孟甲原宜去求財仲甲半許遂心懷季甲欲求〻未乃開悶中間
乃失義

返首跌穴噬手可得虎狂龍走枉自逢迎得遁格机變而取逢假詐設計以謀得使而中人効力守門而生貫偏宜三門四户最喜生合財神天馬私門不宜冲刑符命蛇跌而人情反覆投江而售貫不行伏宮飛宮此地不比那地伏干飛干這人不及那人大小格難以覓利刑悖格及早抽身熒如白兮宜置貨白入熒兮賣稱心不過空費心力擊刑此處難求入墓羅網終見利不能脱手反伏門迫雖懷宝難入亂邦最要三財合我不逢鬼刼為祥

求財謀望占

此時過奇儀門生宮合吉格或干合比和者求利得意一切無阻

如門尅宮下尅上合凶格凡求不遇或因求謀破財如主星在衰墓宮或上尅下門尅宮因求謀招憂非

占事成否

凡人來求我以他為客以我為主如我去求他以我為客彼為主宜主客相生比和求而事成星儀門迫求而難成客主相傷合凶格求事生非反耗財只宜他生我順易我生他難圖

求財

以主星為求財之人以生門為所求之財係以同奇並門詐為吉生尅衰旺同前若生門比和為劫財強者得弱者失然在家求財重符宮出外重使門生門之干支可以數決如符宮是主尅

爲或爲生主理應進財而使乃門生宮之尅門其財必所得其償必所失如符是主生爲而使乃宮生門宜先折本後得利

占稱貸

直符爲物主天乙乃爲稱貸之人各以所落宮分生尅論之直符生天乙天乙尅直符必遂直符尅天乙天乙生直符不遂

占合影

地盤生門爲財主天蓬生門落宮爲影計地盤尅天盤不成天盤尅地盤不利必地盤生天盤方利若天盤生地盤和美利主利

占索債

傷門尅天乙宮去人要心取索天乙宮尅傷門彼必爭鬧不服傷

门與天乙同来生直符子母全後同来赴直符不還天乙旺相赴傷门雖有不還休囚生傷门雖有心還無力或不全若天乙乘庚辛来赴直符必有經營之事直符赴天乙乘六丁或景门加三四宮亦有經營之事甲子戊會開门加丙地時干其使還而速

占爭競

凡財物爭競直為先動之人為客天乙為後動之人為主爭錢財青龍為主爭田產五谷衣物生门為主直符落宮旺相六甲落宮與生门落宮交生直符利客天乙宮落旺相宮六甲生门又生天乙利主直符旺相六甲生门生天乙先動者以理後動者

以財若財神不生兩家兩家來生財神俱不以財財神來生兩家各以年旺相者尤多

占交易

直符為買物之人生門為所買之物生門落宮為物主門來生直符宮其物得價有利益門與本符落宮相生為物主相慮其物難買相尅則成或已成交直符以旺生生門宮利賣者生門宮生直符宮利買者凡買物要彼賣主方以吉格有利返此不利凡賣物要買主方以吉格者利凶格不利以凶格者其物不堪凡賣物被買主之方以吉格者利安以凶格者尚煩惱

占貿易

生門落宮旺相再有吉星及三奇名鳥跌穴等吉格主買賣興隆如不全者平落宮休囚星凶再有六庚加己一切凶格主大不利星天冲宜春夏天禽宜秋冬餘星不利

占利息

凡貿易以利多少專視生門所臨之人旺則利多相生則利平休因利微休囚有凶格則消折生門乘旺相再看甲子戊上乘何干決其數

占放債

直符為財主天乙為取財之人生門為財神各以生尅旺相論直符尅天乙吉天乙尅符凶天乙生直符吉直符生天乙凶生門

與天乙同剋直符其財盡失同生直符子母俱全生門與天乙

有一生一剋不全或遲天乙財神囚休囚氣雖生直符終是無

力不能還全或主遲滯

行人門第十一

占訣

凡占行人以時干為行人　以時干加八門為所往之地方　以

直符為占事之人　以時干加地盤九星為來期

占人遲速

時干加天蓬冬春占主壬癸亥子月日可到夏秋占不來事未了

劉

時干加天英夏季占主丙丁巳午月日速至秋占主遲一季冬春不來

時干加天沖天輔春夏占甲乙寅卯月日准來秋冬占未起身

時干加天任天禽天芮四季月占戊己辰戌丑未月日至秋冬占將起身春夏占有事未完不來

占行人方向

時干加開門宜往西北方有貴人扶助百事大吉有三奇尤吉

時干加休門宜往正北方遇富者相攜遇三奇貴人所謀遂意

時干加生門宜往東北方有田地交易貴人相扶遇三奇生意美盛

時干加傷門宜往正東方或索債或求財主有損不獲
時干加杜門宜往東南方或人不在家或杜塞不出
時干加景門宜往正南方或會飲或解散官非或為文章事
時干加死門宜往西南方或為死亡財帛或獄捕或田地事
時干加驚門宜往正西方或憂疑驚恐事或公庭理訟誣枉不明事

又法

時干尅門主已動

時干生門有事未成主未動

門尅時干此地不宜已往他方

門生時干有人勾引主來動

時干尅直符不思歸家主未動

直符尅時干主在半路

時干生直符

主已至　直符生時干主將動身

又法

伏吟不來　返吟以來　龍返首　鳥跌穴　玉女守門主得意

而歸所謀皆遂　九遁五假諸格虎猖之類主事有阻碍不歸

若值五不遇三奇入墓天網四張主行人有病又遇九星八門

俱尅時干主死亡在外

占出行

凡出行以三奇會六儀加開休生之下宜往之否則不宜往

又出行占法

日元為人時元地人元尅時去向利時元如若尅人元所往之方

辛不濟時納所藏是中途不傷人元堪策驥若得再來生旨元
未到地頭先得意最忌截空與刑害進退趦趄宜另議
出行直符宜生旺六合所主同伴儻勾陳白虎考程途朱雀文信
口舌項玄武乃主賊盜情前類俱忌相刑創地陰魅制路多岐
九天生合宜去向
出行直使最為重加臨無傷始堪用本門起自何卦中飛臨生合
人趨奉其門用空與落空返伏迫格與刑冲起程不得去無向
勸君另自卜門蹤
奇儀所生六親神旅舍風塵亦須同圖謀宜入財宮位投托須臨
父金恩忌入官鬼與格墓再據行方車折輪

所儀之星怕休囚路宿風殘不自由旺臨衰氣猶堪許衰臨旺氣必淹留惟喜飛宮旺地始堪投托久遨遊

起元何局別行程水陸舟車與輔禽元轉生方必以意一邊刑隨總傷情

門户無傷去向安笑折梅花馬上看門吉户凶宜早進户吉門凶且緩旋其中吉凶相等復另尋書道整雕鞍

孟甲開午上路宜仲中季路逐右奇外開內閤堪長進外閤內開中道歧欲識途中何對應此申加臨說事机

返首跌穴程途以意惟獨避投畧參差虎狂龍走道路驚惶見過催擾應無咎以遁格所往皆泰尤喜宮臨去所逢詐格假格中

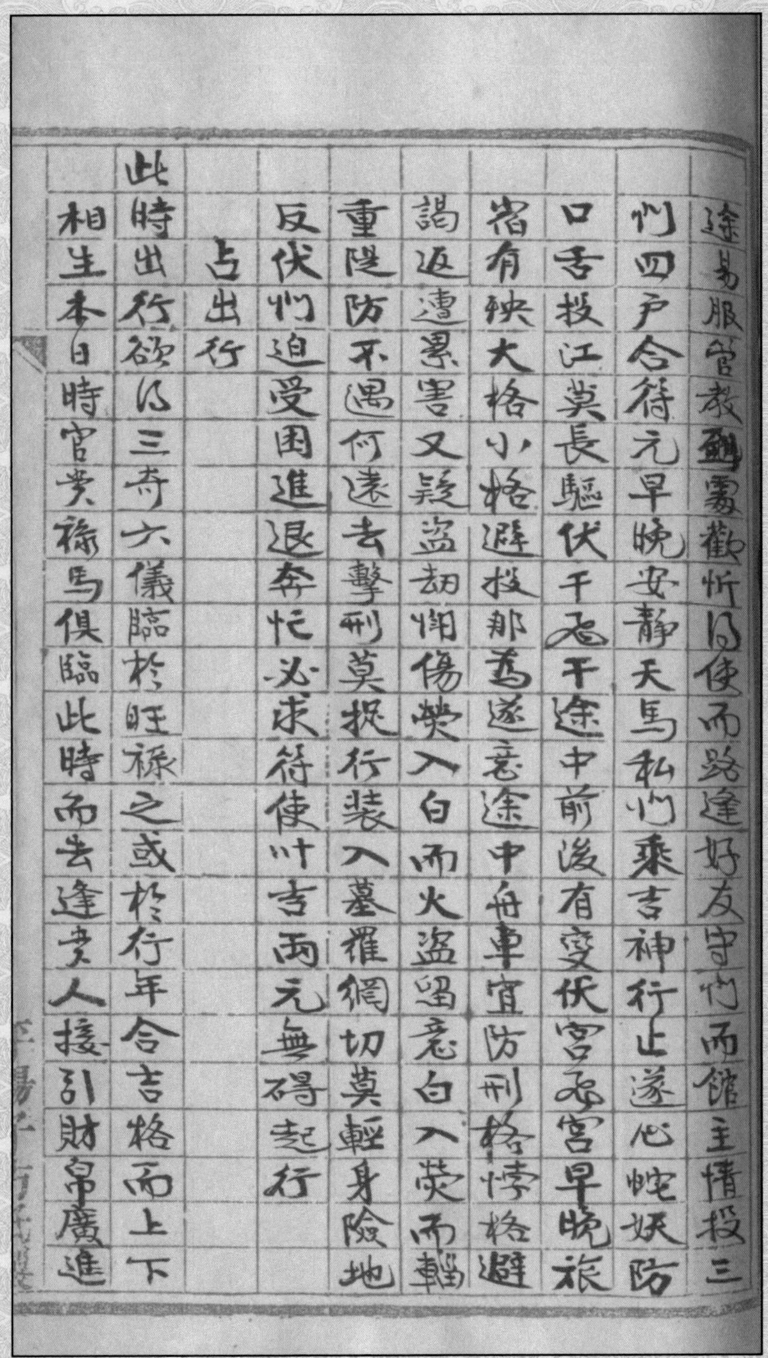

途易服管教鎩霧歡忻以使而路逢好友守門而館主情投三門四戶合符元早晚安靜天馬私門乘吉神行止遂心蛇妖防口舌投江莫長驅伏干丙干途中前後有變伏宮丙宮早晚旅省有缺大格小格避投那為遂意途中舟車宜防刑格悖格避謁返遭累害又疑盜劫御傷熒入白而火盜留意白入熒而輜重隄防不遇何遠去擊刑莫挽行裝入墓羅網切莫輕身險地反伏門迫受困進退奔忙必求符使叶吉兩元無礙起行

占出行

此時出行欲以三奇六儀臨於旺祿之或於行年合吉格而上下相生本日時官貴祿馬俱臨此時而去逢貴人接引財帛廣進

求名亨達凡為皆順如本命行年並此時令凶格似尅宮必多

虛驚如倘似尅宮為貴人見貴之類如逢凶格相沖或干墓之

鄉出則不歸若遇壬癸而有水厄之憂如逢辰戌有牢獄之苦

餘倣前條類內推之

又法

推測行人來不來只從時日細詳推時元若生日元上逢制日支

車駕回又喜時支作日馬日支合馬歸時下若使時馬傷日支

投墓支干空歸期最忌空與刑尅死絕多應音信稀

日音時納去留情納音生合是歸程時音來尅日干納行人飛驥

在五陵干細尅制用時納纔欲登程又怕行更詳臨官與馬墓

三合時日察歸情

直符所主斷行人，旺相逢生必稱心，休囚刑尅不得亮，空亡在彼想家門。勾白朱騰逢尅制，多般遲滯是非生，玄武太陰如生合，又疑陰小絆行路。五馬如投天與地，歸鞭已拂馬頭雲。

直使端可斷行蹤，門合來方歸意濃，惟忌驚傷與杜死，刑尅迫伏未歸宗。開休生景乘天馬，加臨干符墓相逢。

十干詳分所望親，用神乘馬始來臨，馬阻閉東歸未得，馬遇幽關喜相尋。

九星南北與東西，乘旺投生在外棲，入墓加比營歸計，前逢空絕必回廬。起元先問去何方，卻將本局所加詳，歷過去方投父此

此宮時日合還鄉
門户要合符與門時日驛馬細搜尋更看加臨何親屬如何文人
許到臨行人孟合未登程仲甲開方路宿中季用直開人便到
本甲之上考人情
大抵占行人喜時日支干門符生馬乘又查行人類神年命相生
合而家門亦閉內開方為的到
反首跌穴早已裝束其中遲速刑合參詳虎狂方羈留不返龍走
方蹭蹬還鄉遁格之內會合日時兩元可以言到詐假之局開
合白虎朱騰書信必來蛇妖而道路哭疫投江而歸計徬徨伏
干天干來情不善伏宮天宮客苦他鄉大小格而遷延時日刑

悖格而彼此猜防白入熒而行將到熒入白而封信皆已不遇何須盼望擊刑有事相妨入墓無傷可云到宅羅網有格莫斷還鄉返伏門迫須防行人遠近若合驛馬臨官反主去客登堂

占行人

此時伏吟身未動反吟來且速若上尅下門生宮尅宮或庚加日干行人即至若下尅上宮尅門行人不來若日干加庚行人不來如上干在墓衰宮或門宮相尅行人來若上干遇壬癸臨旺祿又逢日時相生合吉凶之格主有酒席之阻或無舟或船水厄驚或口舌喜悅相阻如上干在死絕之宮或被尅制及日時相犯永為不來切忌干支相沖往行年干上看須防死亡與囚禁

也

占出行法

以主星為出行之人以為門為所行之處星宜逢旺以奇門詐為吉主尅為可出行必以意歸來為尅主不宜出行主生為出門有耗財之失為生主出外有不意之獲為流比合出行平穩如遇伏吟杜絕無門路干入墓俱不利直符加庚諸凶格不利如出行以失尅應干為所屬休生宮位照前細推能自以知

傳曰數內惟占行人最難以其訣則甚易星為行人之本身門為書信星以生尅則人來門以生尅則書至然又當看天馬天沖驛馬凡到符宮者人來到使門者則信至若星門生尅不全雖

天馬等星皆有亦不来其所到之日期主星傍之干與門之干支逢合則来然二處干支業已相合逢冲則来五不遇不来時干入墓不来天網四張杜門伏吟五無門路者不来然又不可拘執時干入墓逢冲則至天網逢擊刑則至旬空逢填塞則至可類推之

如天柱剋休門天蓬剋景門為動天任生開門天蓬生傷門為靜兼淺氣動者来靜者不来景門生天任凡門生星為彼生我門剋星為彼剋我生我者来剋我者不来又當審其使門如符宮即以生旺冲動而休門或受剋而衰或入墓而制其人必心欲速来艰於出入如使門既以生旺冲動而符宮或受剋而衰入

墓而制其人雖未載道而音書即到九星八門做此而推也惟杜門乃杜門之象不冲不赴則不開或到乾兑二宮或遇六儀擊刑者其人可至凡天盤直符甲子遇地盤甲子直符曰直符擊刑凡天盤六儀遇地盤六儀而支相冲曰六儀擊刑又天盤直符甲子遇六儀庚午此真曰直符擊刑經曰伏吟人不見返吟人便回理固然也伏吟乃之吉而遇宮刑不來而來返吟景門到坎生門到坤及丙支干相合者來而不來經云悶行人以使門為主而我出門以符宮為重而揔以星主之衰旺以日言在數裡內外者衰旺以時言也

又一法

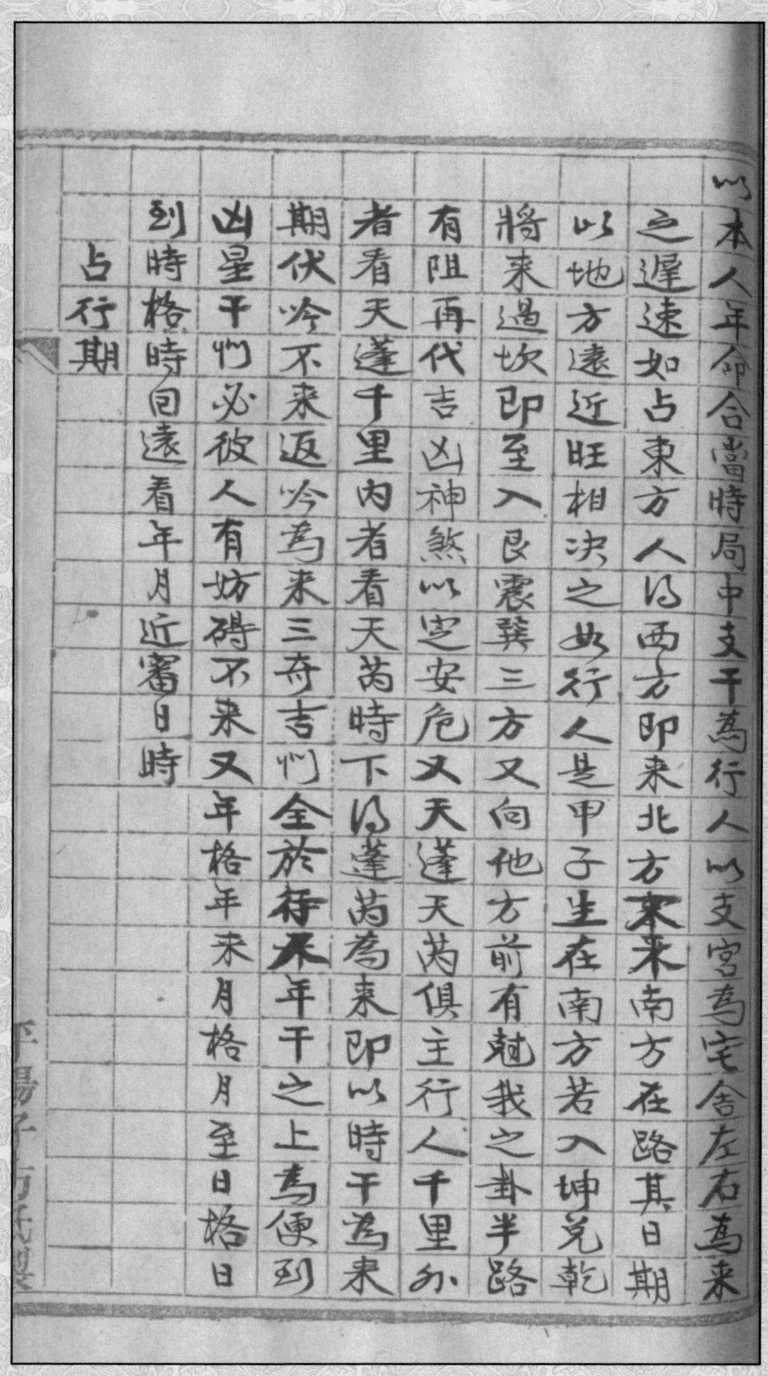

以本人年命合當時局中支干為行人以支宮為宅舍左右為来之遲速如占東方人以西方即来北方来来南方在路其日期以地方遠近旺相決之如行人是甲子生在南方若入坤兌乾將来過坎即至入艮震巽三方又向他方前有尅我之卦半路有阻再代吉凶神煞以定安危又天蓬天芮俱主行人千里外者看天蓬千里內者看天芮時下以蓬芮為来即以時干為来期伏吟不来返吟為来三奇吉門全於符来年干之上為便到凶星干門必彼人有妨碍不来又年格年来月格月至日格日到時格時迫遠看年月近審日時

占行期

若出行或被人牽纏不能擺脫或被人節制不能自由或羈豫不定時干為起行之人日干為牽纏節制之人開門為起行之期

若日干尅制時干不能行時干尅日干即行日干宮上下皆有來尅者仍行若羈豫者看時干在外為去在內為不去俱看開門落宮下仍何干以定其期

在外處家安否占

日干為主十干生處為家如甲木長生在亥亥寄於乾之類必乾宮地盤無凶星凶格等家中平安有凶星門格等看尅何干以日六親決之年為父母月為兄弟時為妻子

占在外人安否

看外方上下二盤得三奇吉門及諸吉格者安反此不安

占遠信

六丁落宮為信時干落宮內外為遲速臨外信遲臨內信速丁奇受制休囚輕則信遲重則無信朱雀投江永無信蛇妖嬌來遲

六丁帶三奇德合有吉音帶刑有凶信犯入墓亦無信投江在內亦無信庚格亦然又景門臨於本人所居之地其信速如人在北方占南方信息一宮[illegible]景門主信到

占在外投宿主人吉凶

時干落宮遇蓬芮英柱俱主惡人餘五星俱吉落宮剋時干主有侵害時干落宮遇三奇吉門吉格者雖有惡意亦不敢害如無

吉格但乘旺相亦無碍如時干得休囚廢沒並惡星者侵害

占登舟船主善惡

震三宮為船天盤所得星為船主善惡可判得輔禽心三星為上吉冲任中吉英芮柱蓬大凶其船不可登

占道途吉凶

時干所落前一宮得天蓬為賊盜如無不遇再看時干所加本宮得三奇吉門並得旺相及諸吉格者不妨

占未出門先定回期

陽局天蓬在內四宮前半年回在外四宮後半年回陰局亦以落宮所得十二支位定限

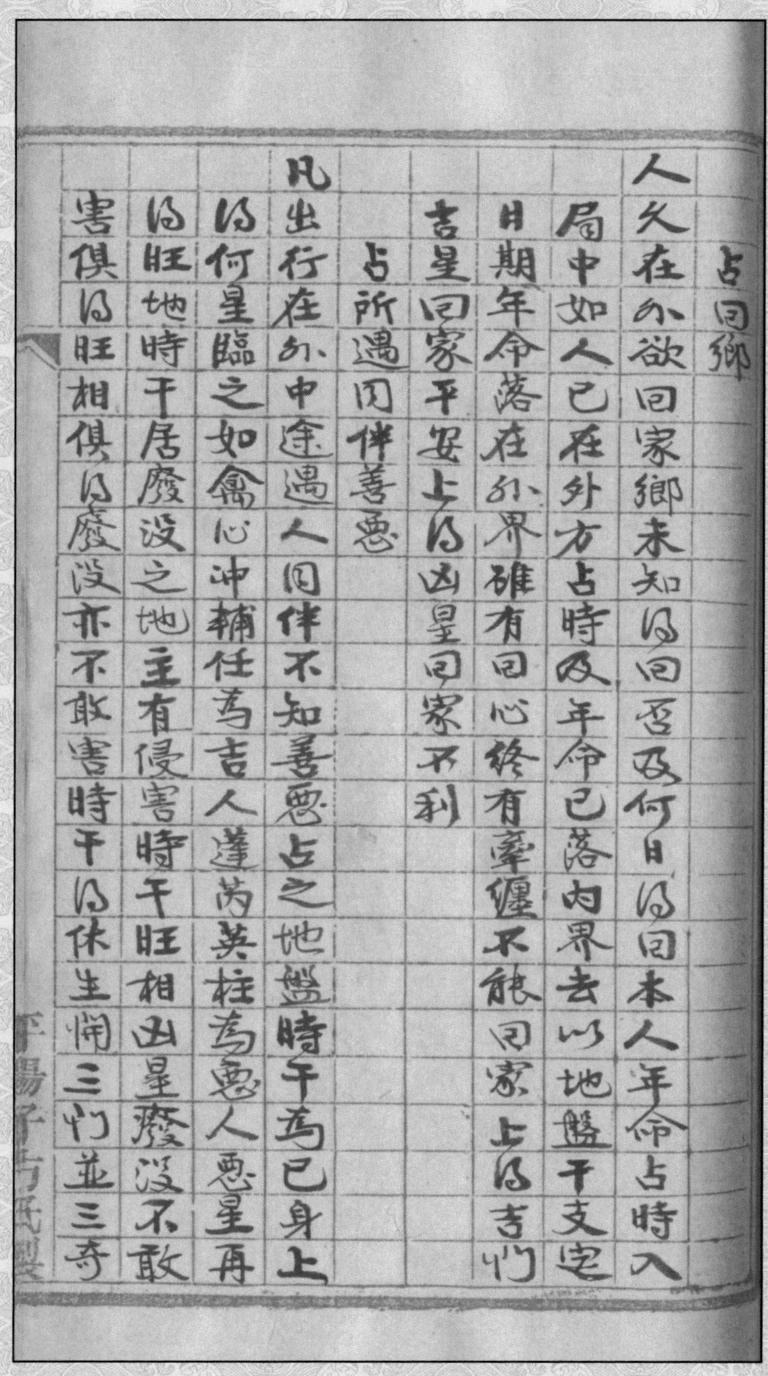

占回鄉

人久在外欲回家鄉未知以回否及何日以回本人年命占時入局中如人已在外方占時及年命已落內界去以地盤干支定日期年命落在外界雖有回心終有牽纏不能回家上以吉門吉星回家平安上以凶星回家不利

占所遇同伴善惡

凡出行在外中途遇人同伴不知善惡占之地盤時干為已身上以何星臨之如禽心冲輔任為吉人蓬芮英柱為惡人惡星再以旺地時干居廢沒之地主有侵害時干旺相凶星廢沒不敢害俱以旺相俱以廢沒亦不敢害時干以休生開三門並三奇

一切吉格主破害中亦生意時干旺相得刑格並一切吉格者雖有傷害者無妨

盜賊第十二　逃亡同占

凡占盜賊以十干為主

直使加九星為逃人為盜賊

九星同門為去向

直符為捕盜之人

直使加儀奇為盜去之物

時干剋直符下九星主賊易得

九星剋時干主賊難得

時干生九星主遲得

九星生時干主賊自來降

直符生九星主早捕

九星剋直符主難捕

直符生九星主捕人相為盜賊

九星生直符主捕人受賄

直使加儀奇生時干主盜物送還

時干生儀奇主失物已去其半

儀奇剋時干主盜物分

散　時干尅儀奇主盜物藏埋

占賊人逃人去向

以上直使加九星之八門為去向

九星加開門主西北方在貴人官宦家或水畔樓池橋梁河泊之所

九星加休門主正北方大江海邊富者酒店娼妓淫佚之所

九星加生門主東北方在古廟神祠西堤風雨狂壇之所

九星加傷門主正東方在林木樓閣寺觀古竹林兵車之所

九星加杜門主東南方在陶冶木植舟車舟人工藝叢林之所

九星加景門主正南方在窯灶古廟大焚舊舍酒店沽賣之所

九星加死門主西南方在墳林郵亭塚舍死葬鬼神古寺之所
九星加驚門主正西方在金銀匠削礪金石軍役皂卒之所

又法

龍返首　鳥跌穴　玉女守門　白入熒　熒入白　雀投江
天網四張　三奇入墓　返吟之類主可獲
五不遇　九遁　五假　三詐　諸格　諸迫　龍逃走　虎猖
狂　蛇妖嬌之類主不獲

又占捕逃訣

此時六癸加於一二三四五宮急趕必見如臨六七八九宮或上
干封下干或門封宮逃則無追要知逃往何方須從天上六癸

所加之處追尋如臨一宮往正北方一里十里或百里二宮往西南方餘倣此

天馬六癸為賊為逃人若加於旺方為百里逢衰墓為十里逢衰墓而支尅為一里若逢生旺逃必難追如此時宮地盤尅六癸或六癸宮生此時宮易見若六癸與此時宮比和必易見若六癸尅時宮或時宮尅六癸宮亦定難尋

又訣占失物

此時天盤奇儀與地盤生合或門生宮失則必見或自還之或被親友所藏若門宮相尅上下支干相沖物必難尋如合凶格或因失物反招非破財如門生宮合凶格若入衰墓宮而相合乃為

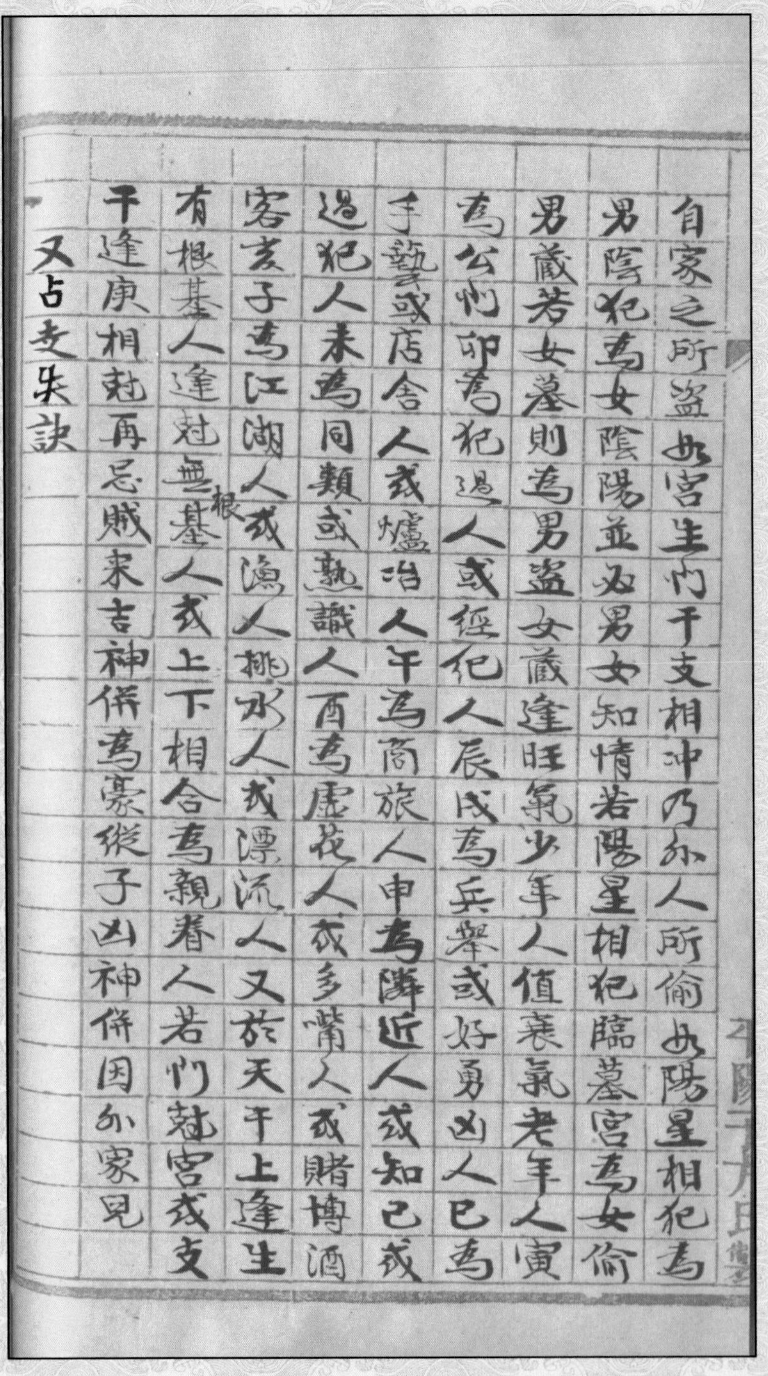

自家之所盜如宮生門干支相沖乃外人所偷如陽星相犯為男陰犯為女陰陽並如男女知情若陽星相犯臨墓宮為女偷男藏若女墓則為男盜女藏逢旺氣少年人值衰氣老年人寅為公門卯為犯過人或經犯人辰戌為兵卒或好勇凶人巳為手藝或店舍人或爐冶人午為商旅人申為隣近人或知己或過犯人未為同類或熟識人酉為虛花人或多嘴人或賭博酒客亥子為江湖人或漁人挑水人或漂流人又於天干上逢生有根基人逢尅無根基人或上下相合為親眷人若門尅宮或支干逢庚相尅再忌賊來吉神併為豪縱子凶神併因外家見

又占支失訣

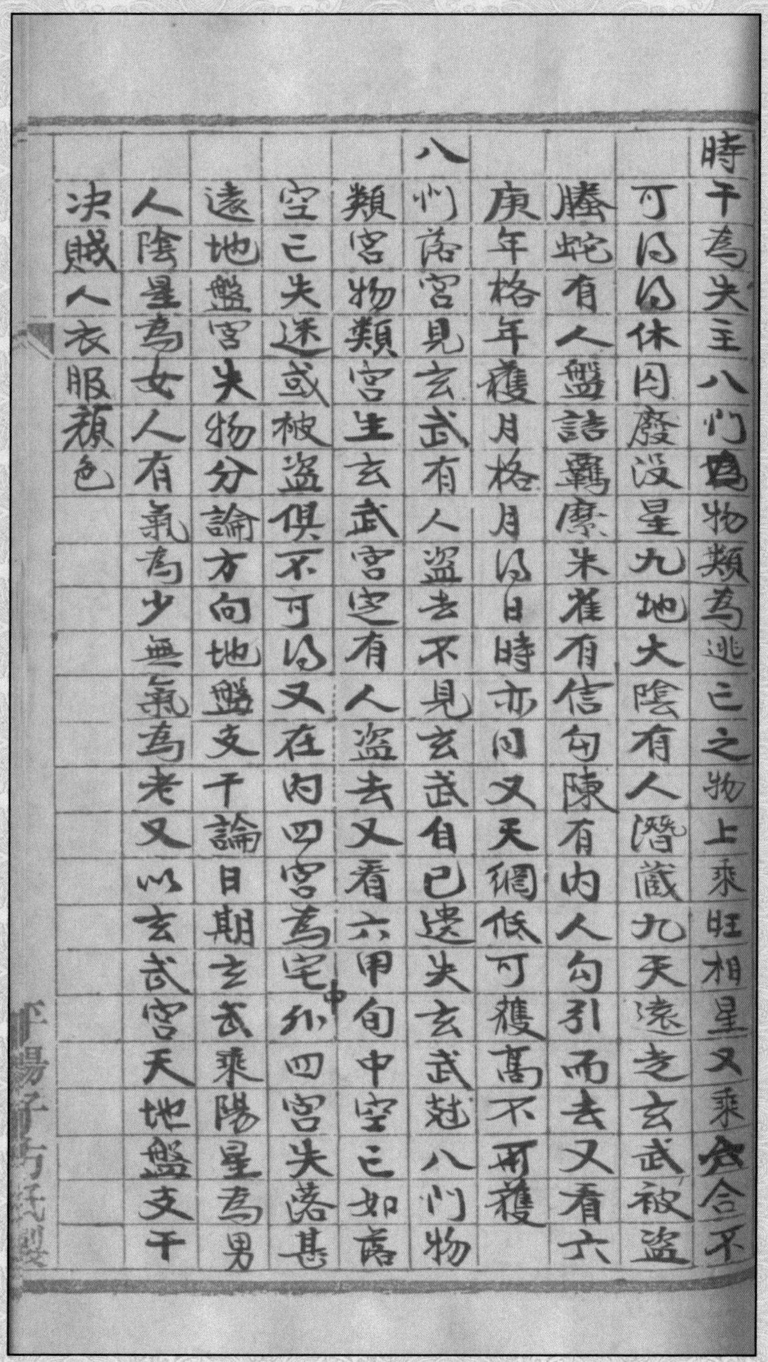

時干為失主八门為物類為逃亡之物上乘旺相星又乘六合不可得得休囚廢沒星九地太陰有人潛藏九天遠走玄武被盜騰蛇有人盤詰羈縻朱雀有信勾陳有內人勾引而去又看六庚年格年獲月格月得日時亦同又天網低可獲高不可獲

八门落宮見玄武有人盜去不見玄武自己遺失玄武尅八门物類宮物類宮生玄武宮定有人盜去又看六甲旬中空亡如為空亡失迷或被盜俱不可得又在內四宮為宅中外四宮失落甚遠地盤宮失物分論方向地盤支干論日期玄武乘陽星為男人陰星為女人有氣為少無氣為老又以玄武宮天地盤支干決賊人衣服顏色

以主星為本物以其門為所失之處總宜生旺得奇得門詐者為
吉主尅其務宜遠尋而後得其生星物即不尋而亦得其尅星
物必為人所盜主生其物必自我而送若五不遇星門墓制網
羅已無不見矣

占捕盜訣

天蓬玄武宮為賊盜傷門宮為捕人時干為物主傷門落宮尅天
蓬玄武易尋時干宮尅天蓬玄武宮易捕若傷門生天蓬玄武
宮捕捉不速天蓬玄武來尅時干傷門難獲傷門與天蓬玄武
同宮時干再尅捕無不獲天蓬玄武同宮黨羽必聚一處四方
兩處再旺相難捕休囚易獲乘六合為大盜不然為小寇天網

低可獲高不可獲

占捕亡訣

六合為逃人傷門為捕者六合宮生傷門宮自歸尅傷門宮不可得傷門宮尅六合宮易得生六合宮必有盜賊傷門與六合同宮有欺蔽直年月日時格則可獲天網在一二三四宮可獲在五六七八九宮不可獲又人假令太白入熒同宮必獲又陰特可獲陽時不可獲

占賊方位

視玄武所立神為來方支為去方武與盜神乘天馬驛馬盜又從尅方必踰垣越屋而入若無天驛二馬必穿穴而入其與長繩玄

索盤併必從天宮緣纏而下則玄武立地方是水宮中而入也

疾病門第十三

符　病症

白句　嘈胃嘔吐　道路傷亡

休　痼疾傷寒

景　傷食疔疽　中暑

甲　頭面肝

戊　脾

壬　腎

蓬　水祟為災

螣　驚恐夜夢　遺精

朱　顛沛

玄　崩漏

生　癰毒傷胃

死　蠱[illegible]

乙　肩唇膝

己　胃

癸　臓

任　吟壇廟鬼作害

陰　肺勞腎虛

地　陰症

傷　拘攣風寒

驚　癆瘵

丙　額鼻心肋

庚　肺筋

合　風麻醫人

天　落魂

杜　壅塞痰齒

開　肺癰喉舌

丁　齒小腸舌

辛　胸骨

冲　吊枉產故索命樹怪　時疫

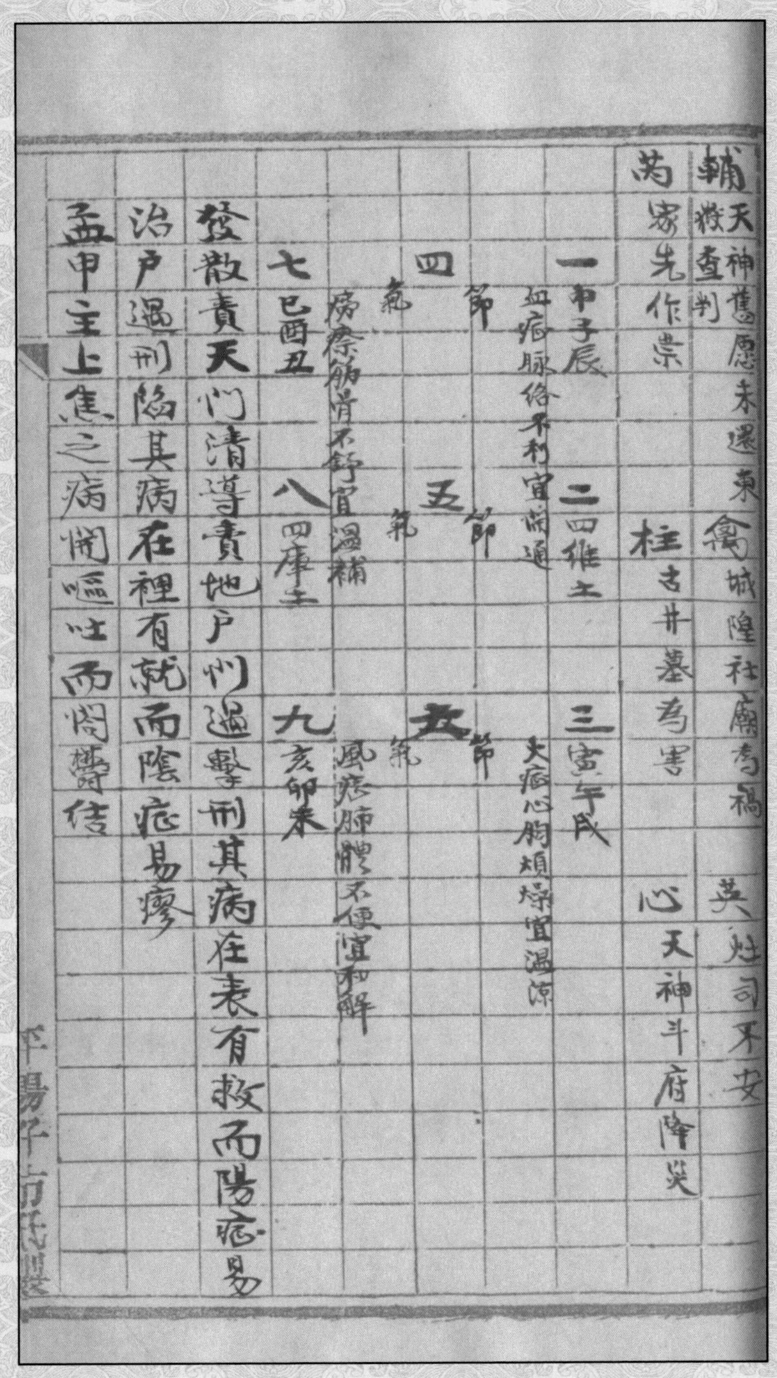

輔天神舊愿未還東微查判禽城隍社廟為禍英灶司不安

芮家先作祟柱古井墓為害心天神斗府降災

一申子辰 血症脈絡不利宜疏通 二四維土 三寅午戌 火症心胸煩燥宜溫涼

四節氣 五節氣 五節氣

七巳酉丑 癆瘵筋骨不舒宜溫補 八四庫土 九亥卯未 風症肺體不便宜和解

發散責天門清導責地戶門遏擊刑其病在表有救而陽症易

治戶遏刑陷其病在裡有就而陰症易瘳

孟甲主上焦之病悶嘔吐而悶鬱結

平陽子山房[illegible][illegible]

仲甲主中焦之病悶嘈雜而悶膈悶
季甲主下焦之病悶痔漏而悶瘧悶
天仍悶忌刑悶忌沖陽悶治表陰悶治裡
凡占疾病以時干為病人直符病症　時干加地盤九星為醫藥
直使加六儀三奇為瘥期　時干剋九星不宜服藥　時干
生九星宜服藥　九星剋時干藥不投症　九星生時干服藥
有效
占病症形狀
天蓬為直符主下部虛弱水泄腰痛中滿膀胱疝氣黃腫脾經等

症

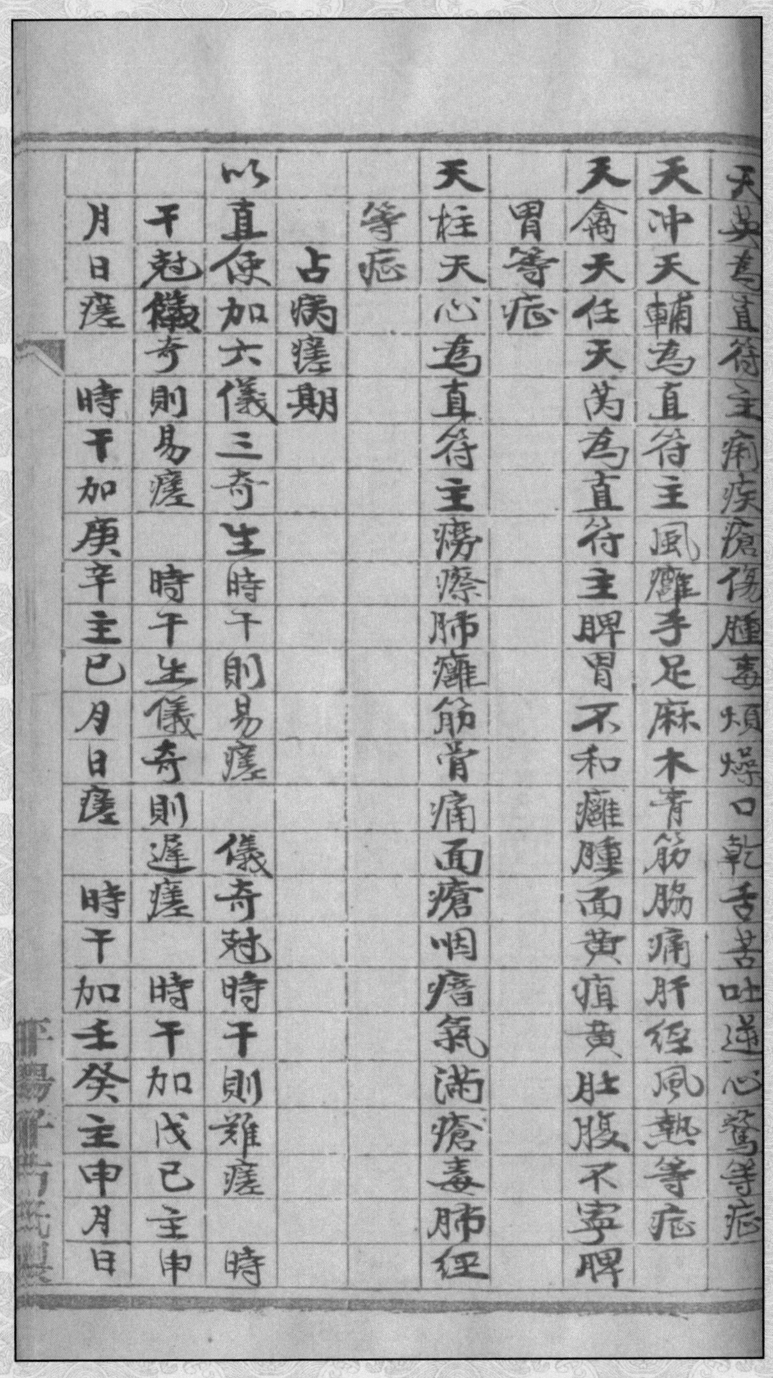

天英為直符主痈疾瘡傷腫毒煩燥口乾舌苦吐逆心驚等症

天沖天輔為直符主風癱手足麻木青筋脇痛肝經風熱等症

天禽天任天芮為直符主脾胃不和癱腫面黃疸黄肚腹不寧脾胃等症

天柱天心為直符主癆瘵肺癱筋骨痛面瘡咽瘡氣滿瘡毒肺經等症

占病瘥期

以直使加六儀三奇生時干則易瘥　儀奇尅時干則難瘥　時干尅儀奇則易瘥　時干生儀奇則遲瘥　時干加戊己主申月日瘥　時干加庚辛主巳月日瘥　時干加壬癸主申月日

瘥　時干加丙丁主寅月日瘥　時干加乙奇主亥月日瘥

又占雖瘥神煞

五墓　春占未日未時　夏占戌日戌時　秋占丑日丑時

冬占辰日辰時

喪車　春占酉日酉時　夏占子日子時　秋占卯日卯時

冬占午日午時

三丘　春占丑日丑時　夏占辰日辰時　秋占未日未時

冬占戌日戌時

又占訣

日干為人時干病納音為醫藥性証人尅病兮可云瘥病尅人兮

有險應醫能尅病如可救如傷人未可用遥制符使是明醫生
合符使乘躔蹬惟喜日旺時休囚五行撿點參病症
直符占病所由來刑傷尅制考病胎陰六逢陽情慾病勾地刑符
滯未開未勝剋符因惱惱白天却是驚恐哭符入空鄉哭不實
胎没死廢著意栽
直使占病之瘥劇三吉五凶論門儀吉值休囚主綿纏凶更旺相
堪畏懼最忌墓命與刑年時日詳占進退氣凶退可痊吉進瘥
門符生吉始無慮
十干論病在何處肝膽脾胃心腎註參詳奇儀擊刑上下加臨識
病屬木尅土兮脾胃傷火尅金兮肺家替金來尅木筋脉寧水

魁火兮心腎療年命日時細推詳生旺休囚知實堅

九星從來司禍福吉凶星宿詳所屬旺吉星臨災無虞死囚星照

防衰災吉逢生兮凶不刑任爾祈禳災可贖

九宮病原與醫藥水宜疏通木忌削金宜溫補大怕悶土乃五行

之歸宗此行旺動彼行傷變理中和醫的確詳觀節氣察虛實

病若真兮醫不錯

門傷發表抑何疑戶傷總裡莫須遲門戶俱傷表裡治傷陰先後

判因依

三甲闔合論 三交泥丸尾閭夾脊交關若傷兮休魁代合遇刑囚

忌補調返首跌穴吉課藏凶須以年命無傷始云叶吉虎狂龍

走凶中有吉若在符使刑迫便作凶推地遁臨命未免黃泉逝客鬼假當權須防賓府追呼鬼遁人遁似非吉兆鬼假人假豈是休徵三詐病有反覆假遁須辨陰陽同使而制鬼為利守門而為病不祥三門四户最忌刑墓年命那堪喪吊重逢天馬私門尤宜擊迫符使更兼空亡刑臨螣蛇妖嬌疑鬼怪朱雀投江魂魄揚伏干飛干醫不明而藥餌反症伏宮飛宮人不安而宅舍驚惶大格小格胸膈便道不利刑格悖格肢體脉絡相戕熒入白兮病轉添白入熒兮災自退年月時日逢格悖新舊災痾可參詳五不遇兮無藥六儀刑兮有傷入墓羅網纏綿安異返伏門迫迭次凶殃

金馬死兮木爲棺屍入木兮那得安庚辛若来刑甲乙忌入中宮
哭聲喧

又疾病占法

問病須以得奇門旺相爲吉我星門受生者無病我生人者氣弱
我尅人者無恙我受尅者必死總以本干之病死生旺爲主如
主星門受生又得奇門又得旺令而六庚或到者雖病無妨如
星門既受尅又衰弱雖六庚不到亦主死已即三奇臨宮亦不
過延時日過三奇退令即不可救如乙奇死於秋丙奇死於冬
奇死人亦死又有我星門坐吉坐旺而忌流尅我者不過目下
愀惻大命不妨若主門雖受生而主星衰弱雖逃命絶總以符

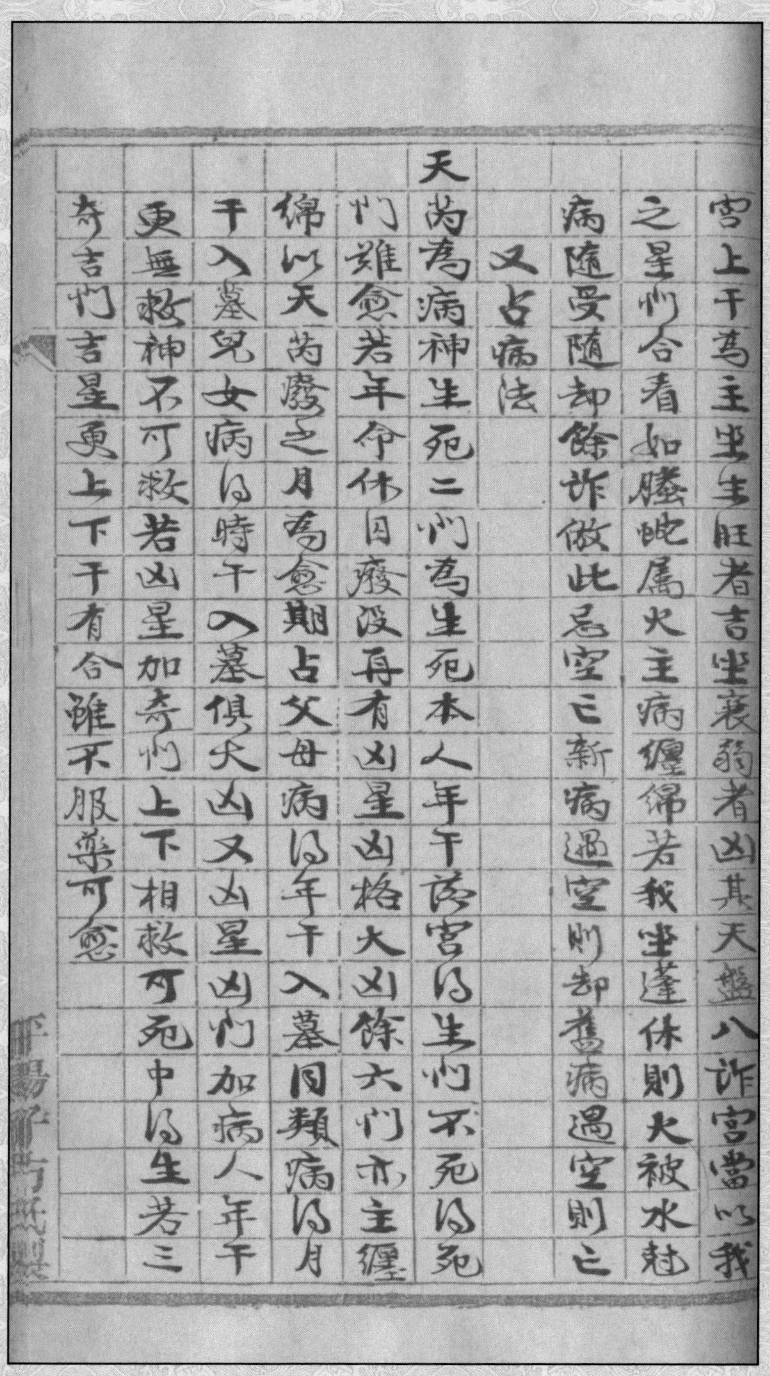

宮上干為主生生旺者吉坐衰弱者凶其天盤八詐宮當以我之星門合看如螣蛇屬火主病纏綿若我坐蓬休則火被水尅病隨受隨却餘詐倣此忌空亡新病遇空則却舊病遇空則亡

又占病法

天芮為病神生死二門為生死本人年干落宮得生門不死得死門難愈若年命休囚廢沒再有凶星凶格大凶餘六門亦主纏綿以天芮廢之月為愈期占父母病得年干入墓同類病得月干入墓兒女病得時干入墓俱大凶又凶星凶門加病人年干更無救神不可救若凶星加奇門上下相救可死中得生若三奇吉門吉星更上下干有合雖不服藥可愈

占眼疾

離局目九宮上得吉門吉星吉格則愈速凶則瘥遲吉凶不分則纏綿而不重

占六畜病

看八卦類神上得吉門吉星吉格者無事反此不然

又占病法

懸系一法少人知問人年甲病先知男從坎上順數起女從離上逆推之數到病人年甲上看他因病預先知子午卯酉定是死寅申巳亥不開眉辰戌丑未恐霍亂此是神仙病應机

震巽相逢手足麻口中惡氣眼生花神天保佑來相助若不相投

氣喘加

坤艮脾傷胸不開心中结定滯凝壞腹臟疼痛連腰腿陰邪見怪

有心突

乾兌多頭疼沉沉六脉微冷積併冷氣其病在胸脾

坎離多嘔逆久治道難醫人常虛盜汗飲食漸消除

詞訟門第十四

符 陽官　螣 稿房　陰 責罰　合 吏書　勾 催拘　白 刑杖　朱 文卷　玄 挑工

地 臟物　天 上司

休 彼此一般　生 賄賂屬託　傷 撲責喝散　杜 冤屈難伸

景 文案轉移　死 臟執追呼　驚 定罪虛實　開 辯訴得理

甲生亥死午　乙生午死亥　丙生寅死酉　丁生酉死寅　戊生寅死酉
己生酉　庚生巳　庫生子　壬生申　癸生卯
蓬陰險　任遲滯　冲怒惡　輔恩赦　禽清正
英唱散　芮賍吏　柱朴責　心唱散
一申子辰　二羅土　三寅午戌
盜拐私情　田宅爭鬪　虛詞構詐
節　節　節
四氣　五氣　六氣
刑傷鬥戰　婚姻財帛
七巳酉丑　八羅庫土　九亥卯未
詞訟占

凡占訟詞以時干為我

時干之直符為我中証

時干加判為聽詞之官

時干加地盤儀奇為彼

儀奇之同宮九星為彼干証

要在上五處驗其生尅以決勝負

若時干尅地盤儀奇我勝　儀奇尅時干彼勝　時干生儀奇我求

他和　儀奇生時干他求我和　直符生時干我之中証為我

直符尅時干我之中証不為我　直符生地盤儀奇我之中

証為彼　直符尅儀奇我之中証不為他　地盤九星生時干

他之中証為我　地盤九星尅時干他之中証不為我　九星
生奇儀他之中証為他　九星尅儀奇他之中証不為他　時
干尅門我之言語傷官觸怒官家不為我主不勝　時干生門
我以言語和好我請託官家為我其時得理主勝　門生時干
官為我　門尅時干官不為我主有刑戮　儀奇生門彼以言
語和好他有請託官家為他主他勝　儀奇尅門彼以言語傷
官觸怒官不為彼主他情虧　門生儀奇官為彼　門尅儀奇
官折他主有刑傷　門生直符直符生門官家聽我中証之言
主勝　門尅直符直符尅門官家雖為我之中証主有刑傷
門生儀奇儀奇生門官家聽彼中証之言主他勝　門尅儀奇

儀奇尅門宮家雜為彼之中証主有刑傷

占官事絕日

凡占官事了割以絕日為主　若時干加門屬金寅月日事絕　門屬水土巳月日事絕　門屬木申月日事絕　門屬火亥月日事絕　要在四時衰旺以決之若門臨旺相以月論　休因以日論伏吟主遲返吟主反覆

占罪輕重

凡占罪之輕重以加八門為主　門生我無罪　尅我有罪　門生彼無罪　尅彼有罪　門尅乘死氣主徒　門尅乘囚氣笞杖　門尅乘休氣主薄罰　門尅乘旺氣死罪　門尅乘相氣主流配

又訣云

若門來尅時干為我尅儀奇為彼若木來尅土主罰谷監獄土來尅水主罰紙水來尅火主炮烙火來尅金主徒斬金來尅木主桎梏笞杖

初告責天門訴辯責地戶吉星同天乙生合命及干符者吉凶星同旬白傷年命及符使與兩干者凶

孟甲有驚仲甲易散季甲春敗惆值吉星者勝惆值凶星者凶

又占訣

日干原告時干被日支時支干証類納音所藏是門官尅日傷時參妙義時日生合訟宜和日時尅制勝負異兩支貪合証作奸

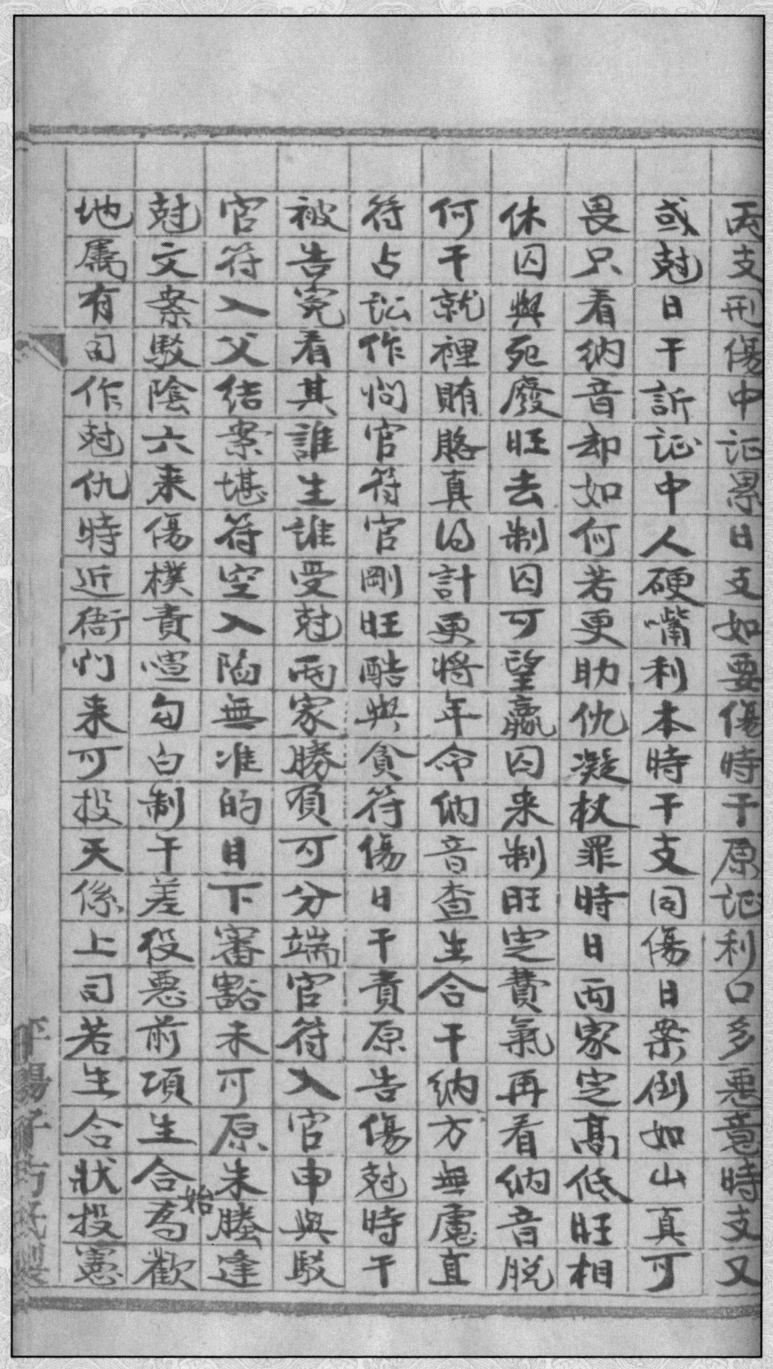

丙支刑傷中訟累日支如要傷時干原訟利口多惡意時支又
或尅日干訴訟中人硬嘴利本時干支同傷日業倒如山真可
畏只看納音却如何若更助仇凝杖罪時日兩家定高低旺相
休囚與死廢旺去制囚可望贏囚來制旺定費氣再看納音脱
何干就裡賄賂真以計更將年命納音查生合干納方無慮直
符占訟作悶官符官剛旺酷與貪符傷日干責原告傷尅時干
被告究看其誰生誰受尅兩家勝負可分端官符入官申與駁
官符入父結案堪符空入陷無准的目下審豁未可原未勝[始]逢
尅文案駁陰六來傷樸責㗂旬白制干差役惡前項生合為歡
地屬有司作尅仇特近衙門來可投天係上司若生合狀投憲

仲陽子衍訣選

制可消愁更查逐日陰陽貴帮符生日以自由大約用神無伐

制公庭起訟可遨遊

直使占事之起隙各從五行分斷義金木相交愕毆嗔木土相持

田宅類水火激搏奸盜情旺真因假孤謊議吉迫先勝後必輸

凶迫理直斷作屈必查兩干本門情旺勝衰兮不須贅

奇儀子父與財官年月日時個詳干事跡須從六親論審理時日

官父干親怕刑兮干怕格休咎遲速所參觀鬼要空兮身要旺

父宜墓兮子當權最喜恩曜臨身命縱然危險不遭官

九星條分吉與凶吉凶生合審須贏凶星激伐擬刑杖看臨何干

斷某刑惟要本干居旺氣不犯凶星理以明若是孤星又因弱

從此審斷沒輸贏

九宮論訟細究情旺則興訟衰則停退臨後氣事已往進臨來氣

正當興水元轉土堪結案木元轉火訟又生本局還歸本局墓

此詞當了莫生情

門戶原分告與訴告看門兮訴看戶門不傷干許告呈戶不刑干

訴乃利門戶若是總格刑勸君莫進公門去官文二主制門戶

再傷年命恐囚繫

占訟孟甲事多憂如逢仲甲了便休季甲當須防罪責悶乃理兮

悶生愁只求用甲無刑害官雖越獄械相投半悶半悶須擇比

較合時日両干求

返首而原告欠利跌穴而被告不祥虎狂龍走公庭有傷以遁賄賂可通詐假僞託偏宜三勝三吉喜臨年命以使而衙役効力守門而陰小作殃三門四户切忌刑傷時日天馬私門怕值勾朱白玄蛇妖嬌而箠杖遭罹還宜爭端四起雀投江而文案批駁宜防圖堵羈縻伏干飛干須分時日斷主客伏宮飛宮只怕悶宮作艱難大格小格下情不能上達刑格悖格公庭驚託桁楊白入熒兮訟欲害而不以熒入白兮事雖險而無妨年月日時逢格悖便年歷月可消詳五不遇兮訟直而遭曲斷六儀刑兮類神恐有驚惶入墓罹網不宜占訟反伏門迫翻案疊詳符使休囚雖訟而無益年命刑尅見官有傷大約初入官司喜遇

父鬼興隆久遭傷害偏宜父鬼墓絕宮父兩干無尅制管取喝散喜非常

占口舌官訟訣

此時遇門生宮合吉格或上干生下干或干在得令之宮而尅上干或宮尅門因非訟而得理有官貴人扶得財若地盤奇儀臨衰墓宮逢上干尅下干及門尅宮而合凶格則是非口舌破財憂驚若逢心開生宮貴人相扶若逢英景生宮有文書之力若逢生死門生宮田地房產之益如前火門生宮尅宮之內推之若諸星比和上下相生當和美若逢死絕而被沖尅因訟破家隨命

又占詞訟法

直符為訟者天乙為對者開門為問官驚門為訟神開驚二門俱尅對者則對者敗俱尅訟者則訟者敗一尅訟者一尅對者俱敗開門生訟者驚門尅訟者或開門尅訟者驚門生訟者俱不利對者生者亦然又直符天乙旺相為勝休囚為敗若符生天乙則訟者和生直符則對者求息不必以開驚二門定勝敗矣總以落宮決之又景與奇合吉星在利宮不迫則爭訟有氣不如是不吉若驚傷死與凶景星合宮則凶

占官事催提緩急

時干為己身直符為官長六丁為公文直使為公差直符生天乙

宮六丁臨於外地其提後直符尅天乙宮直使臨於內地其提急再有擊刑來意至急三奇若相生公差與官長見喜相尅見怒又看六庚為天獄落休廢易結落旺相難結

占官事牽連否

本人日干為有事之人庚為天獄辛為天庭壬為天牢本人日干以地盤為主上三凶煞以天盤定之犯一星與日同宮定有牽連再有擊刑定有責罰或天網僅枷鎖臨身再有凶格等煞連累甚重若有三奇吉門各等吉格無碍若不犯

占文狀牽連否

頂盤朱雀落宮尅時干落宮者牽連反此不然朱雀旺相尅時干

其連必重休囚則輕時干被尅旺相者不妨休囚則重有凶格者凶且甚也

占刑杖輕重

本人年命日干宮上星旺門吉並有三奇吉格者官員責降庶人罪輕星不旺相有三奇吉門並諸吉格者或無三奇乃吉門並諸吉格與星乃旺相或無吉門乃星旺相臨三奇吉格者俱主罪輕法及已身有三奇吉格門不吉星不旺相星旺相不乃三奇吉門及諸吉格罪主減等或乃三奇吉格星不旺門不利者罪重星不旺門不吉格局凶又無三奇者凶本命日干犯擊刑必刑罰之若

占興訟

丁為朱雀為訟神朱雀落陽干之宮又宮與天獄相沖或乘景門其訟必興若落陰干之宮或投江入墓者不興又臨旺相之宮其訟大起落休囚者易結

占狀詞

開門為官長景門為文狀開門到宮生景門宮吉景門到宮生開門宮不吉景門宮尅開門宮吉開門宮尅景門宮不吉又景門落宮旺相則吉休囚廢没不吉旺相生開門吉休囚廢没尅開門不吉

占罪人開釋

地盤六辛為罪人上乘吉星吉門吉格再尅開門落宮或與落宮相生全者其開放速不脩者少遲若開門落宮尅六辛宮再得休囚者牽纏又天網低不開網高開釋

占罪人輕重

開門為開官六辛為罪人六甲旬中六壬為天牢必開門尅六辛宮辛上又有六壬臨之方有牢獄二者缺一亦不為害

占囚人出獄

壬為牢獄所加地盤干為罪人又壬字不止甲辰壬凡六甲旬中六壬時皆是如甲子旬中壬申時為天牢甲戌旬中壬午為天牢他倣此必地盤干上尅六壬所得之支再得開生二門者出速

不得二門者出遲以受尅之日為出期必得六丁時或六丁落宮生日人之干方看休開生三門

占訟獄

六丙為本主六庚為被治之人六丙落宮尅六庚落宮六丙又得旺相開門為官長落宮亦尅六庚落宮再得死門凶星死神死氣休囚廢沒者其人必置死地

又官訟占訣

以星主為所訟之人以門為對訟之人總以得奇得門生旺為吉主星尅門我勝人門尅主星人勝我主生門而主旺彼必理屈而詞窮門生主而門旺我必氣衰而氣餒如星門比合

又遇解神空亡等格事奇和息如符五不遇直符加庚時六庚六辛諸格犯之大凶

如驚門是休門到者或於魚鹽取上起訟景門或於文書火燭上起訟俱可類推

又符宮是我尅使門是我尅先吉後凶符宮是尅我先凶後吉然星門旺相格局最吉者又當別論已上符使無分先後而要不過符宮為尤重也

又符宮下干支是主使門上干支是客以納音配生尅吉凶了然矣

占捕罪人獲否

開門為官長直使為公人有事之人論年命直使落宮空亡不以加臨本人年命其獲速一內一外其獲遲空亡者不獲加甲子旬空戌亥地盤以甲戌已或六合是也

占官長喜怒

開門為官長時干為已身開門宮剋時干宮被擊刑諸凶格者責罰有凶格不相剋者無碍若占符六甲時名為天輔時或六丁時雖有凶格及被剋制亦無妨見尊長亦然推以年干為尊長時干為已身

占公私兩事歸結

凡人事體纏綿歸結無期者已到宮為公事未到宮為私事看時

干落宮時干在坎卦生於子為陽氣始生之地萬物方動事體不能歸結星旺門順方可成事時干到坤卦氣乃土與地相連陽陰交接行不能行止不能止時干到震卦生於亥卯震屬威剛震則動事體發星旺門順可成時到巽大往小來始立者生榮已萌者不長新事不止舊事漸消時干到五中央戊己之位陽坤陰艮復姤接連萬物因之而生事不因信時干在乾生於亥陰氣極矣純陽初生私事則消公事則發時干到兌卦生於酉兩之令萬物老死又兌者悅為口舌為官訟陰謀事體當洩又為天地賞善罰惡之地萬物至此而決歸結無疑時干到艮生進退無常又艮者止也占人進退不離其居占事目前究後

必有發時干在九離卦生午陽氣分位陰氣生也剛處其外而能居陰柔在內而不能安分主公事結私事將起占人有不正之義

占和事

庚丙為兩家相搆之人甲子為主和之人甲子落宮同生兩家或同尅兩家則和一生一尅不和又甲子在旺相之宮庚丙在休囚宮亦和

農桑門第十五

符 農人禾稼　螣 螟蝗蟊管　陰 籽粒　六 禾苗

勾 牛力　白 災疫　朱 穗頭旱荒　玄 根科水澇　地 田基堆積收成　天 場圃栽插

平陽子亨氏製

休 水漿灌溉　生 春作耕種　傷 耨耘　杜 苗梗

景 花節　死 秋成籽粒　驚 收割　開 抽心放葉採穗

甲 秧牛力人工（旱稻）　乙 苗中木　丙 穗麻花豆　丁 穗麻

戊 黍粟棉豆　己 稻（埂）穀圍田地　庚 大麥虫時　辛 小麥籽粒冰雹

壬 漿汁晚稻　癸 收實

蓬 芒（吳）稻秥稻水　任 旱（豆麻）稻旱穀　沖 中（暴）禾私稻風　輔 穀粒福神

禽 稼穡真宰　英 花穗神旱焦　芮 秀塞神　柱 虫瘟枯焦

心 子漿水　（主穀）風令水勢　風令田禾好　（主麻）中和好花秀

一 申子辰　二 四維土　三 寅午戌

節 中和水漿好　節　節 失令防旱荒

四氣無剋有收成　五氣五穀終牢　六氣得令可收

七巳酉丑　主麥　失令有剋防虫荒

八四庫土　失令有偏枯

九亥卯未　主禾　失令秀花

農桑占

凡占農桑以時干為農人　直使九星為桑　直使加八門為田地　時干生八門主耕種五倍收成　時干剋八門主荒蕪田地無收　八門剋時干主無收成田地他人耕種　時干生九星主桑茂盛　時干剋九星主桑多死　九星生時干主桑滋長　九星剋時干主桑不成

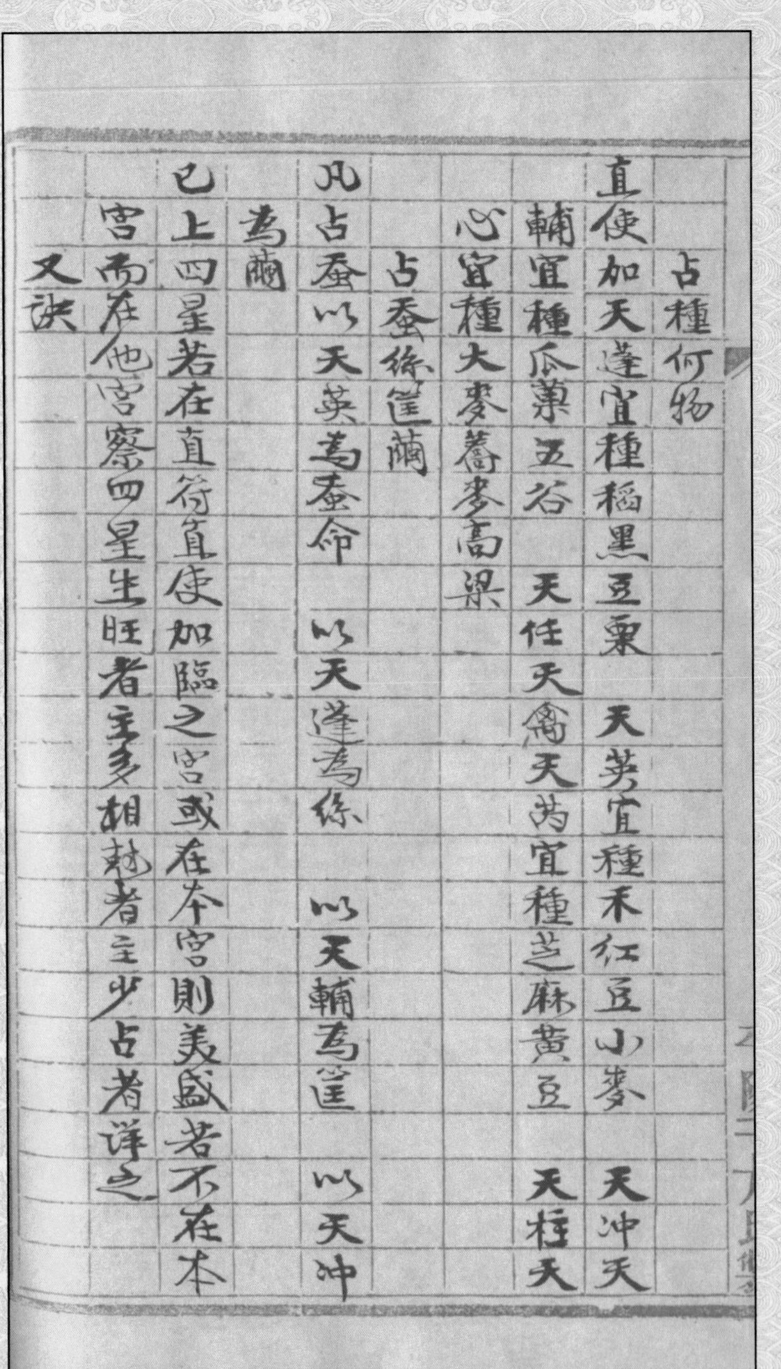

占種何物

直使加天蓬宜種稻黑豆粟　天英宜種禾紅豆小麥　天冲天輔宜種瓜菓五谷　天任天禽天芮宜種芝麻黃豆　天柱天心宜種大麥蕎麥高梁

占蚕絲繭

凡占蚕以天英為蚕命　以天蓬為絲　以天輔為繭　以天冲為繭

已上四星若在直符直使加臨之宮或在本宮則美盛者不在本宮而在他宮察四星生旺者主多相枯者主少占者詳之

又訣

栽種花秀責天門耨耘收割責地戶陽開日令必豐收陰合背時
定荒欠
孟甲宜早穀　仲甲豐中禾　季甲宜晚稻　陽開無刑不怕
旱　陰合刑尅須慮水
日干農人時干田納音斗力時籽蕙時生日兮宜佃種日尅時兮
亦許前反此須防有哭變納音化合考先天課倖之中怕金火
虫荒焦旱查類銓土木二象宜取用水象泛濫始堪嫌逐類搜
看田種類參看時令仔細言
直符六合怕刑傷反伏宮逢生旺強勝朱玄白加臨處休囚無畏
忌猖狂

直使東作與西成門次條分優劣情卯令逢水無刑格用神旺相

但多能

秋苗花粒逐干分四季天時亦繼陳主干來生無刑擊佐使無濟

穀如雲

九星宜符分穀形吉星當令有收成用神天星不生令人力參差

趨避情

九星起元論所屬旺相生令樹蓺孰時遇刑格與孤虛反局占來

換種粟

四季令星登門戶無格不刑穀是當門利戶凶秋寒虛戶虛門吉

春作候

三甲查分播種流何悟何合逐類求三吉三勝來湊合如蒸如雲

審壟頭

大凡佃種以直符之星儀觀其人土種粒以直使之加臨察其播種收成時日生尅酌分可否納音化合詳辨收成

返首跌穴皆為吉象若無刑尅與墓空自然千千與誦龍走虎狂本作凶推若遇震巽遁風云管教險後豐收地遁人遁吉無不利三詐五假權變以宜以使而本類須豐守户而此屬偏利三門四户出作入息喜恩逢天馬私風車水槽怕刑格螣蛇妖嬌苗而不秀朱雀投江秀而不實伏干飛干虫蝗災異伏宮飛宮耕種狼藉大格小格水災虫變刑格悖格旱魃殃災年月日時

逢格悖五行消息斷災祥熒入白兮夏谷有損白入熒兮秋禾須
防五不遇兮徒勞心力六儀擊兮田種相戕入墓與羅網或因
隣界偏生隙反伏及門迫縱雖佃種總心芒貳侯賦此千金訣
留為佃種細推詳

占田禾

此時合生休二門與乙丙丁並六儀臨長生祿旺之鄉而合吉格
其年大熟如合景英心開加於木土之宮或門尅宮或上干尅
下干必歉無收如木星尅宮多出並風災金火二星尅宮多旱
災或金風所傷水星值壬癸或日時皆水或陰星陰門加於陰
宮必多雨連綿水災如加諸星尅制或生死二門宮者其年本

熟如門剋宮或逢庚年相制雖收必有賊偷若合凶格與命宮

如墓絕或朱雀者因田生非破財官事

占禾稼

天任落艮震主豐再得青龍六合功曹太沖主四民安樂若不落

艮震主年歉再以貴神月將分旱澇如天任天任所落宮有蛇

雀巳午太乙天空主旱傳送天后主澇又生門主麥傷門主谷

看三奇太常功曹貴人在生門宮得麥傷門宮得谷

占蠶

三奇吉門吉宿全於金木之宮為吉須要下不剋上宮及門為良

若門吉星奇皆不至金木之宮而更剋正宮星及門為無不利

占蝗蝻

死傷驚杜臨日干主來反此不來

占種植

天沖為花草天輔樹木各看落之宮旺相主生休囚主死生者為活尅者死吉格為生凶格為死旺相來生有吉格草木盛茂休囚來尅有凶格草木焦枯吉凶相半者或先活後死或先枯後生又看壬癸戊己四干來生者為活不生者為終死又乃三為生氣五為死又時干入墓五不遇時庚丙格悖勃俱不吉值伏吟陽星為吉陰星為凶

奴婢門第十六

凡占奴婢以時干為主人　時干加九星為奴　時干加八門為婢　時干生星門主有用宜討　星門共生時干主他求我討亦可用　時干尅星門主我不肯討　星門尅時干主強悍無用不宜討

占形狀性情

天蓬為奴主性狡猾貌黒而流動

天英為奴主性急暴惡貌紫而無常

天冲天輔為奴主性通而無私貌清而秀發

天任天禽天芮為奴主性寬而温厚貌重而穩重

天柱天心為奴主性兇剛烈貌白而果決

開門為婢主面白性純而能近貴

休門為婢主面黑性狡而會扶事

生門為婢主面黄性硬而善侍奉

傷門為婢主面有缺性正直且能製作

杜門為婢主面微紅性中和能紡織

景門為婢主面紫性亢忌主抗主

死門為婢主面黄性平和善畊營

驚門為婢主面白性多疑作事驚惶

買賣奴婢占訣

三奇會六儀加三白門主有貴人即刻交成伏吟返吟諸格門迫

宮迫五不遇天網四類俱不成也

襍占類第十七

凡占博奕以直符為我　直使為人

直使加九星生直符主我勝　直使加九星尅直符主人勝

直符尅九星主我勝　直符生九星勝相半

直符遇儀奇三白刑主我勝

直使下九星遇儀奇三白主人勝　占兵勝負同此斷

又法

六甲空亡為孤　對沖為虛

以本宅方位在孤上坐者主勝在虛上坐者主負

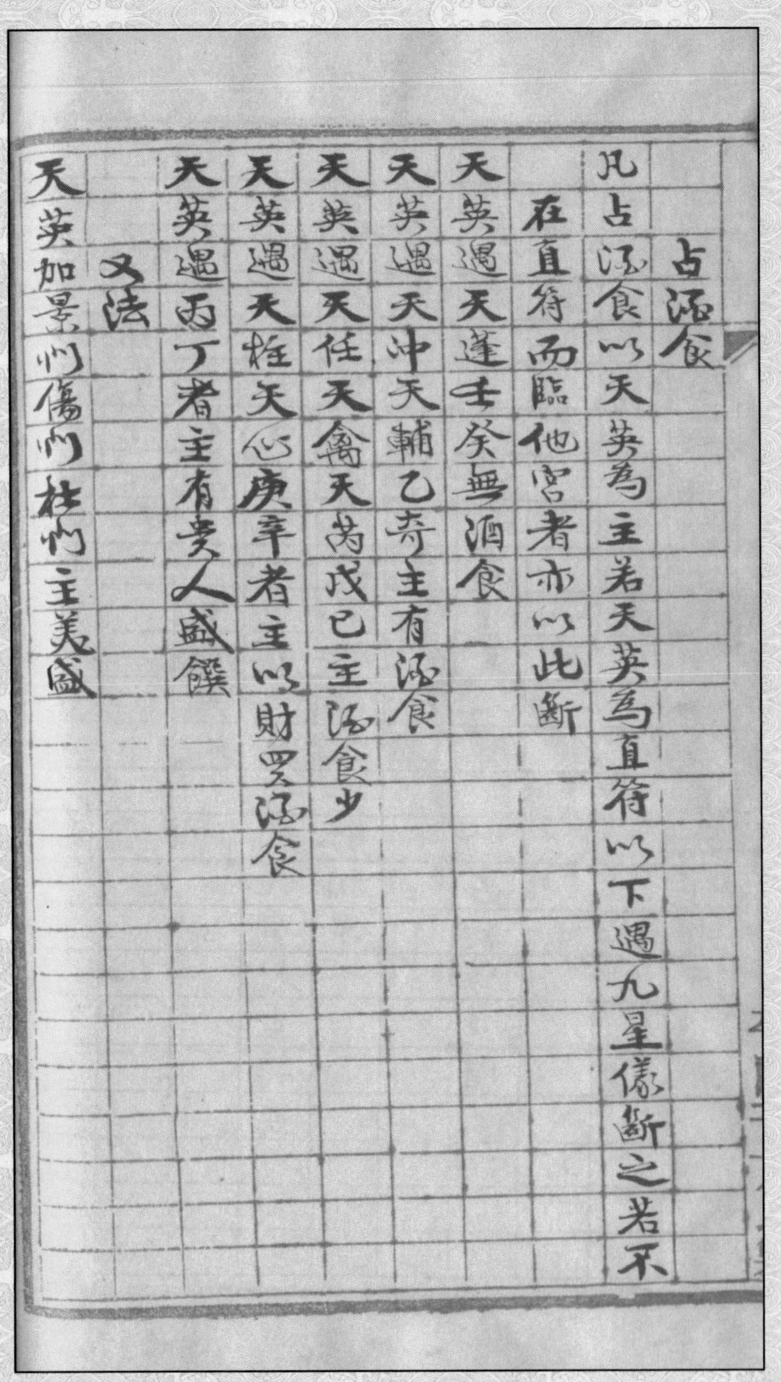

占酒食

凡占酒食以天英為主若天英為直符以下遇九星儀斷之若不在直符而臨他宮者亦以此斷

天英遇天蓬壬癸無酒食

天英遇天沖天輔乙奇主有酒食

天英遇天任天禽天芮戊己主酒食少

天英遇天柱天心庚辛者主以財買酒食

天英遇丙丁者主有貴人盛饌

又法

天英加景門傷門杜門主美盛

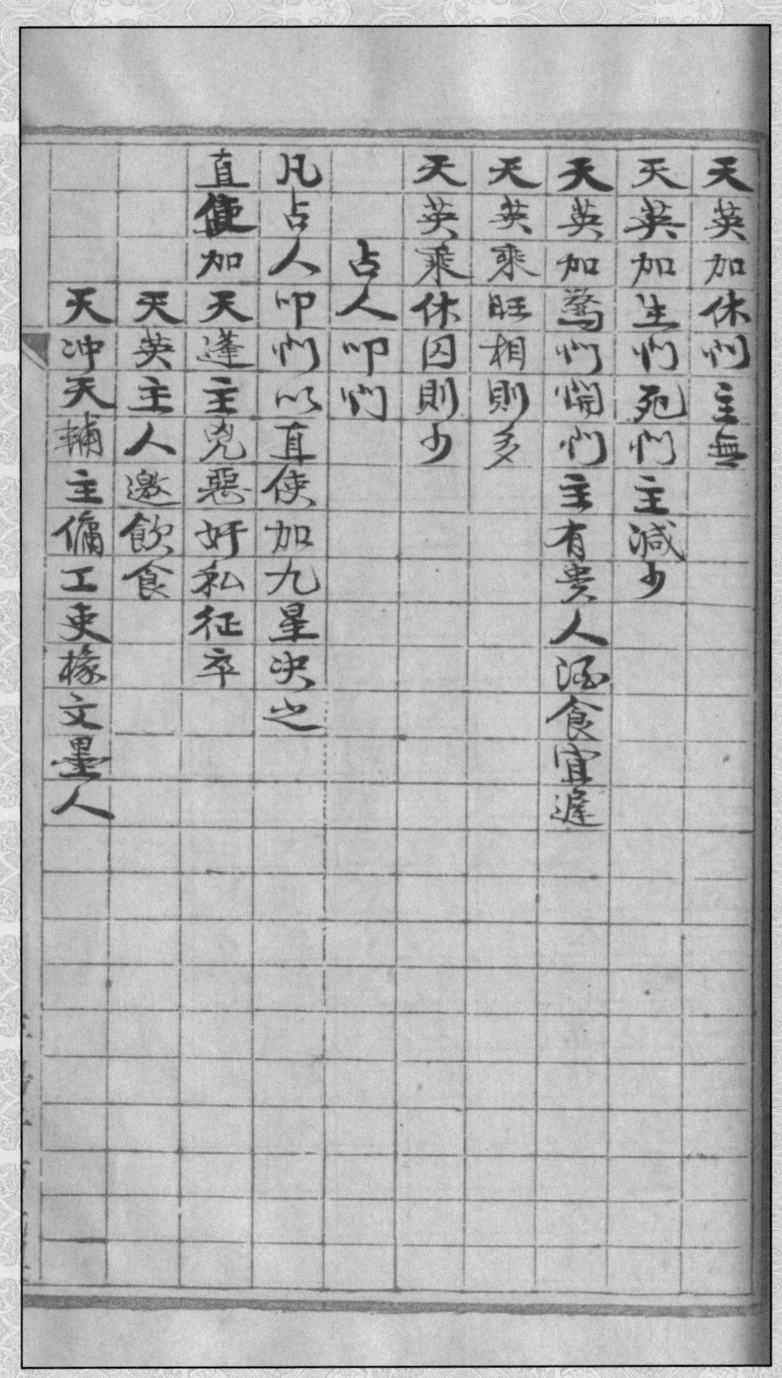

天英加休門主無

天英加生門死門主減少

天英加驚門開門主有貴人酒食宜遲

天英乘旺相則多

天英乘休囚則少

占人叩門

凡占人叩門以直使加九星決之

直使加天蓬主兇惡奸私征卒

天英主人邀飲食

天冲天輔主偏工吏椽文墨人

天任天禽天芮主貴人相召

天柱天心主修道女子借索

開門主西北方貴人

生門主東北方吏官人

杜門主東南方貴人

死門主西南方孝服人

休門主正北方富厚人

傷門主正東方有刑傷人

直係加景門主南方酒食人

驚門主西方驚恐女人

占漁獵

傷門為捕者甲午辛為鷹甲戌己為犬甲寅癸為網生剋論得失旺相休囚論多寡天盤星剋傷門宮得物傷門宮剋天盤星不得物天盤生傷門宮物走脫傷門宮生天盤易得上盤有甲戌宜

犬見甲午宜鷹見甲寅宜倜地盤再休囚上盤生旺必得反此少獲捕魚專用甲寅癸落宮尅傷門宮易得不然寡得此時遇傷驚死門合乙丙丁六儀加臨生旺之宮如地盤逢衰墓宮或上尅下門尅宮游獵必獲獸多若天盤諸星或在墓絕宮尅獸雖見而不得若門尅宮之生門支干比和有所得若下尅上宮尅門生加死絕之宮必被獸所傷切不可出獵所得之獸被主尅者如所尅寅爲虎亥猪戌犬丑牛未羊午馬獐鹿酉雞之類

占飲食

此時天上奇儀門生合地下星宮或比合而得旺氣飲食極豐諸

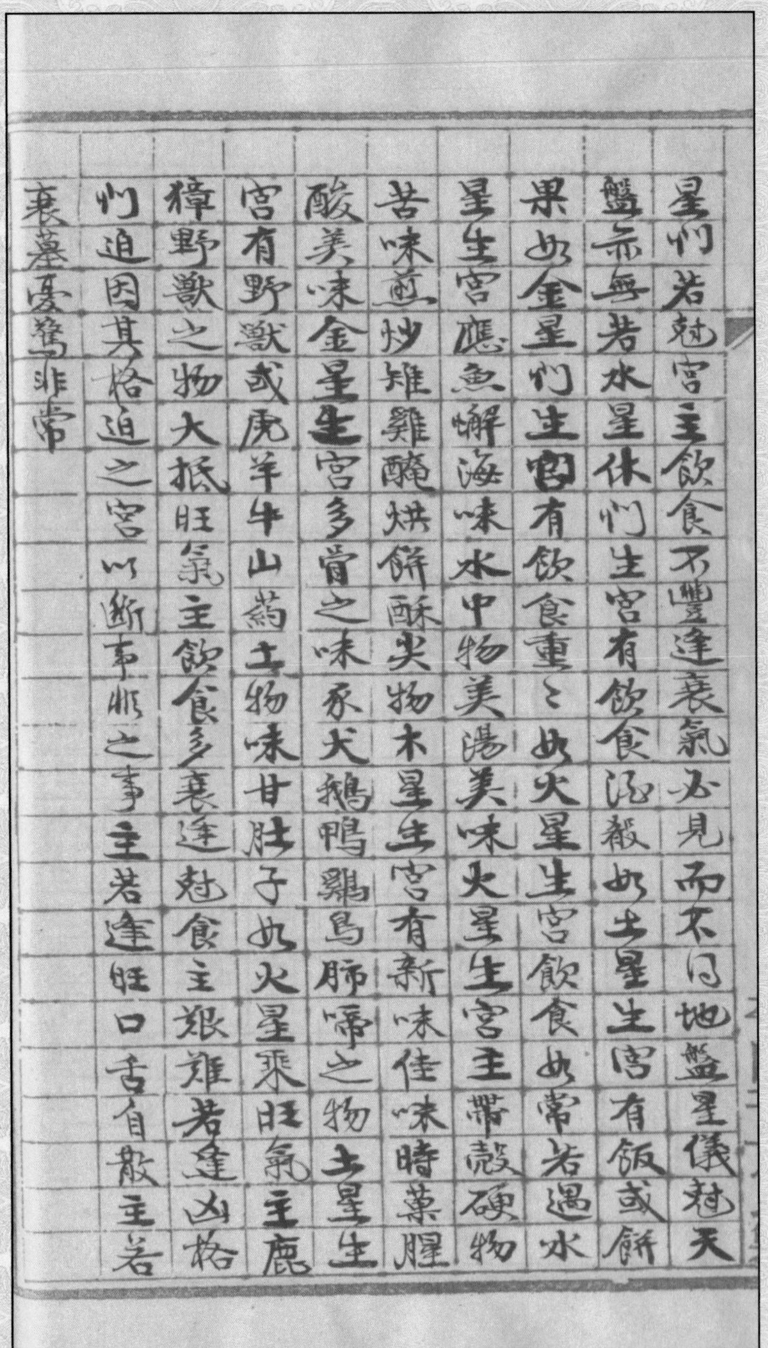
星門若尅宮主飲食不豐逢衰氣必見而不同地盤星儀尅天盤示無若水星休門生宮有飲食湯穀如土星生宮有飯或餅果如金星門生宮有飲食重重如火星生宮飲食如常若遇水星生宮應魚蟹海味水中物美湯美味火星生宮主帶殼硬物苦味煎炒雉雞醃烘餅酥炙物木星生宮有新味佳味時菓腥酸美味金星生宮多骨之味豕犬鵝鴨雞鳥肺臟之物土星生宮有野獸或虎羊牛山薊土物味甘肚子如火星乘旺氣主鹿獐野獸之物大抵旺氣主飲食多衰逢尅食主艱難若逢凶格門迫因其格迫之宮以斷事體之事主若逢旺口舌自散主若衰墓憂驚非常

占囑託

天乙宮爲託求之人直符爲所求之人直使爲轉托之人直符尅直使不利生直使利直使尅直符宮彼必不悅生直符雖依其言不甚快利直使生天乙尅直符不成直使直符尅天乙不利直符直使俱生天乙或俱爲天乙所尅其事方濟有一不生亦不能濟各以所落宮分定之

占間諜

直使爲主者丙爲自己庚爲仇人以月將加本時丙爲直使所臨及相冲則動不冲則不動冲動則看庚與直使乘星庚旺使囚無益庚乘星尅直使之星無益相生無益若直使乘星尅庚乘

星者間諜及行

占行詐

六丙為己六庚為敵朱雀為謠落地旺六丙落宮尅六庚落宮或六庚落宮生六丙落宮其術及行如被六丙尅庚在旺相之鄉或庚宮生六丙宮不在休囚廢沒之地主半信半疑而被庚尅或生六庚不旺相者其術不行如常人爭訟私鬧亦欲行詐日為自己年為長輩月為同類時為晚輩其占法同

占請人來否

請人方向地盤干尅天盤干地盤星干又轉內界或所往方及鬧門則來如下不尅上及上尅下地盤星在本方宮及不及鬧門

主不来所請方不落空亡及日干格者来若陰遁八局小雪中元天柱為直符加六宮直使驚門在一宮請人在東南方而地盤四宮乃生門天沖頂盤白虎遇擊刑之格乃主所請之人到門而不入也

占誰去不去

同為一事兩人為之或兩人各為一事看兩人年干原宮上乃何干乘之如乘陽干者去乘陰干者不去俱乘陽干者俱去俱乘陰干者俱不去又乘旺相之星者其去速乘休囚之星者其去緩

占約期

年為尊長月為同類時為後輩日為自己在直符前者先至直符後
者後至所落宮相生比合至相尅不至俱前後者亦然伏吟陽
星不至五不遇反格勃皆同
占領文遲速
六丁與直符宮相生則速相尅則遲又六丁在符宮相生即以本
宮支干定其日期
占給假
直符為尊長天乙為卑小直符宮尅天乙落宮天乙落宮生直符
落宮俱不準假若直符宮生天乙宮天乙尅直符宮准假兩宮
相比者不准

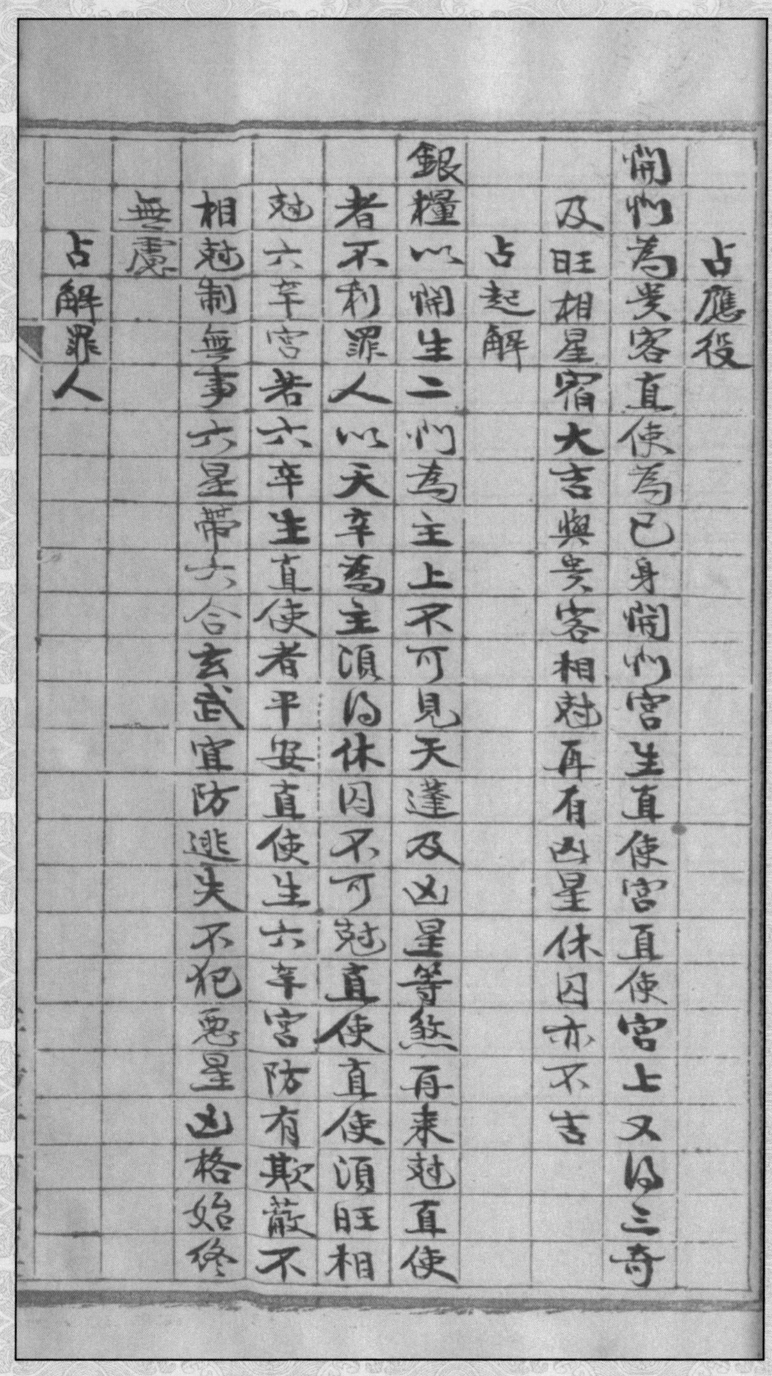

占應役

開門為貴客直使為己身開門宮生直使宮直使宮上又得三奇及旺相星宿大吉與貴客相尅再有凶星休囚亦不吉

占起解

銀糧以開生二門為主上不可見天蓬及凶星等煞再來尅直使者不利罪人以天辛為主須得休囚不可尅直使直使須旺相尅六辛宮者六辛生直使者平安直使生六辛宮防有欺蔽不相尅制無事六星帶六合玄武宜防逃失不犯惡星凶格始終無慮

占解罪人

本人本命上乘六辛落宮又見陽干再受開門落宮尅制其解無疑反此不然至於課不備者尚展轉

占有人謀害

庚為仇人甲為己身庚金落宮尅甲木落宮有謀害甲木落宮尅庚金落宮受擊刑有害旺相雖擊刑不為害庚金上下二盤星宿皆來尅庚及甲申庚作直符俱不能害

占遇難逃避方向

凡有遇難逃避者不知何處可去當看杜門六丁六癸六己或六合同宮天上太冲及門生所臨之方又生本時時干此數者合一件即吉再遇吉星三奇大利反此不吉

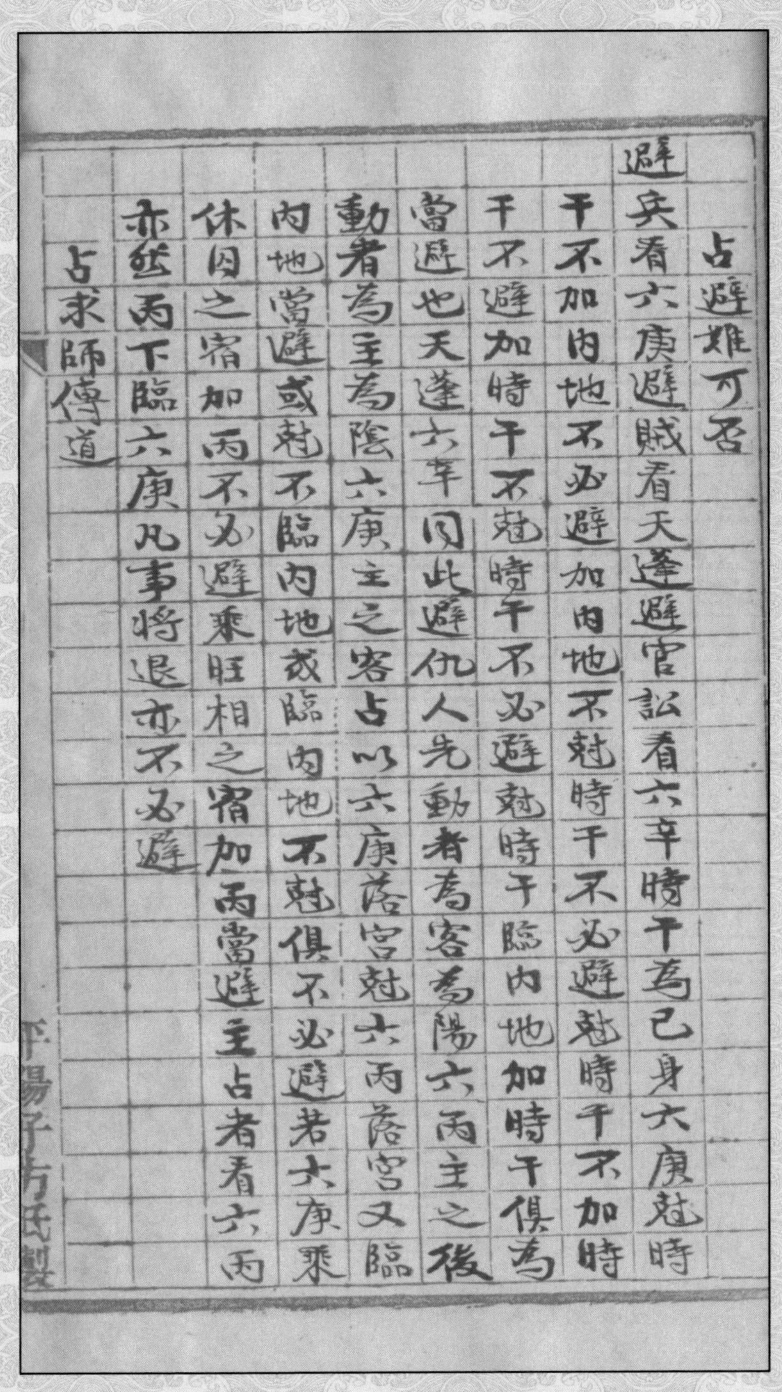

占避難可否

避兵看六庚避賊看天蓬避官訟看六辛時干為已身六庚剋時干不加內地不必避加內地不剋時干不必避剋時干不加時干不避加時干不剋時干不必避剋時干臨內地加時干俱為當避也天蓬六辛同此避仇人先動者為客為陽六丙主之後動者為主為陰六庚主之客占以六庚落宮剋六丙落宮又臨內地當避或剋不臨內地或臨內地不剋俱不必避若六庚乘休囚之宿加丙不必避乘旺相之宿加丙當避主占者看六丙亦然丙下臨六庚凡事將退亦不必避

占求師傳道

平陽子竹氏製

所往之方上得天芮可遇明師來生時干傳道無疑來尅時干必不投合時干尅生天芮亦無用天芮方上有三奇吉門及諸格者方爲明師不然亦非明師

占設教

天輔爲師長直符爲主者天芮爲弟子直符生天輔宮天輔宮再得三奇吉門及諸吉格者成其餘俱不能成又天芮在旺相之宮子弟在休囚之宮弟子少有所往之方得三奇吉門及諸吉格者利無吉格者不利

占燒丹

凡煉大丹及一切爐火之事坎爲真鉛休門主之震爲真汞傷門

主之離為砂金景門主之兌為真金驚門主之其餘乾金艮土巽木坤土俱為雜氣又月將加占時子為鉛午為砂卯為汞酉為金其寅申巳亥俱為雜氣貴人六合為汞朱雀為砂太陰為金玄武為鉛其餘天后白虎螣蛇青龍俱為雜氣又蓬為鉛沖為汞英為砂柱為金其餘心任輔芮俱為雜氣凡此為命中五中五宮地盤得丙丁火天盤得壬癸水可成又得真鉛汞金砂者可成內有雜氣者不成

占求仙

地盤本身日干為主上得心芮二星生門並六儀三奇俱生日干占時又得六癸者可求若無心芮二星是無明師有心芮二星

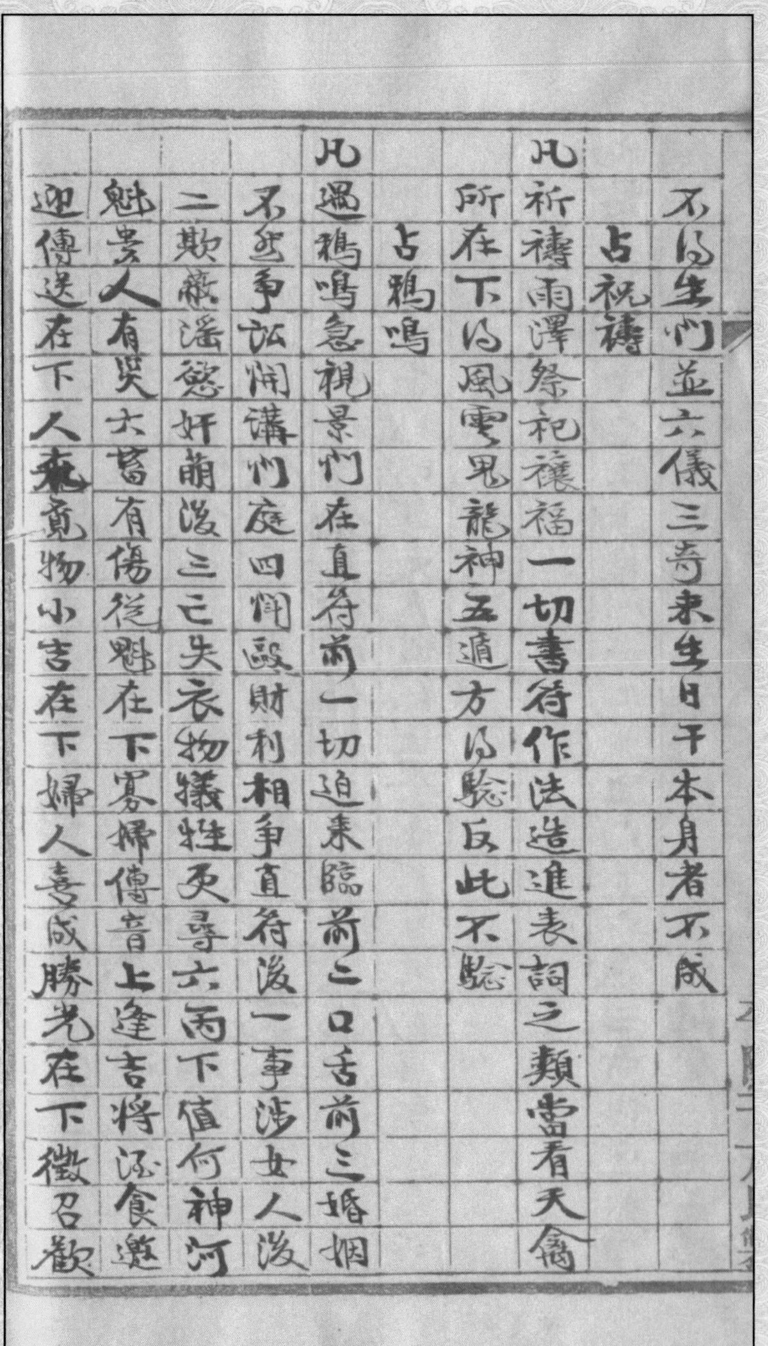

不以生門並六儀三奇來生日干本身者不成

占祝禱

凡祈禱雨澤祭祀禳福一切書符作法造進表詞之類當看天禽所在下以風雲鬼龍神五遁方以驗反此不驗

占鴉鳴

凡遇鴉鳴急視景門在直符前一切迫來臨前二口舌前三婚姻不遂爭訟鬧講門庭四鬧毆財利相爭直符後一事涉女人後二欺蔽遙慾奸萌後三亡失衣物犧牲更尋六丙下值何神河魁貴人有災六害有傷從魁在下寡婦傳音上逢吉將酒食邀迎傳送在下人來覓物小吉在下婦人喜成勝光在下徵召歡

忻太乙在下大吏相尋天尋在下争閙訟死太冲在下飲食邀迎功曹在下慶賀大吉大吉在下親戚朋神后在下事必奸淫登明在下吏懷公文又須聽聲過何方遇吉門則吉凶門則凶

占雀噪

看朱雀所臨下以何奇何門以决其事閙門以奇主有親朋至行人遠歸或主飲食休門以奇主有喜事喜信及婚姻之事生門以奇主以田宅財物頭畜之事不以三奇三門及門追奇墓俱主無所關係更看景門所臨吉格則有喜信凶格則有憂惱信或小煩惱

占怪異

怪異如狗嚎釜鳴火笑水哭牝雞晨鳴之類以時干所加下得三奇吉門星格者平安無奇無門凶星凶格者有異若吉多凶少禍亦無妨吉少凶多終有碍內為前半年外為後半年以八宮定日期

占夢

看地盤夢時之干上門星俱凶得三奇吉格或無三奇吉格星門俱吉者其夢無吉無凶得星門又得三奇吉格夢吉即吉夢凶亦吉不得星門及三奇吉格者夢凶之應夢吉亦凶若時得六甲旬中空亡即屬幻景無所關係

占動四體吉凶

眼屬肝為木為震耳為腎為水為坎唇屬土為坤左臂屬巽右臂屬坤左足屬艮右足屬乾右脇屬兌左脇屬震背腸屬中五若有跟動以本方上得何奇門星格決之得奇者吉不得奇門者平平有凶格者不吉

兵占門第十八

符　三軍司命

句　戰鬭要截

白　驍將

休　養士納降

景　探聽投書破

螣　士卒拆鼓

朱　間諜軍謠

玄　賊冠

生　整營壘安軍 儲

死　行刑用戮

陰　陰謀埋伏私 遁

地　屯積藏伏

傷　行賞罰捕逃 二

驚　擒敵

六　和事謀且贊助

天　軍門戰場

杜　伏險夜遁堅壁

開　開壁迎敵取勝 遣使

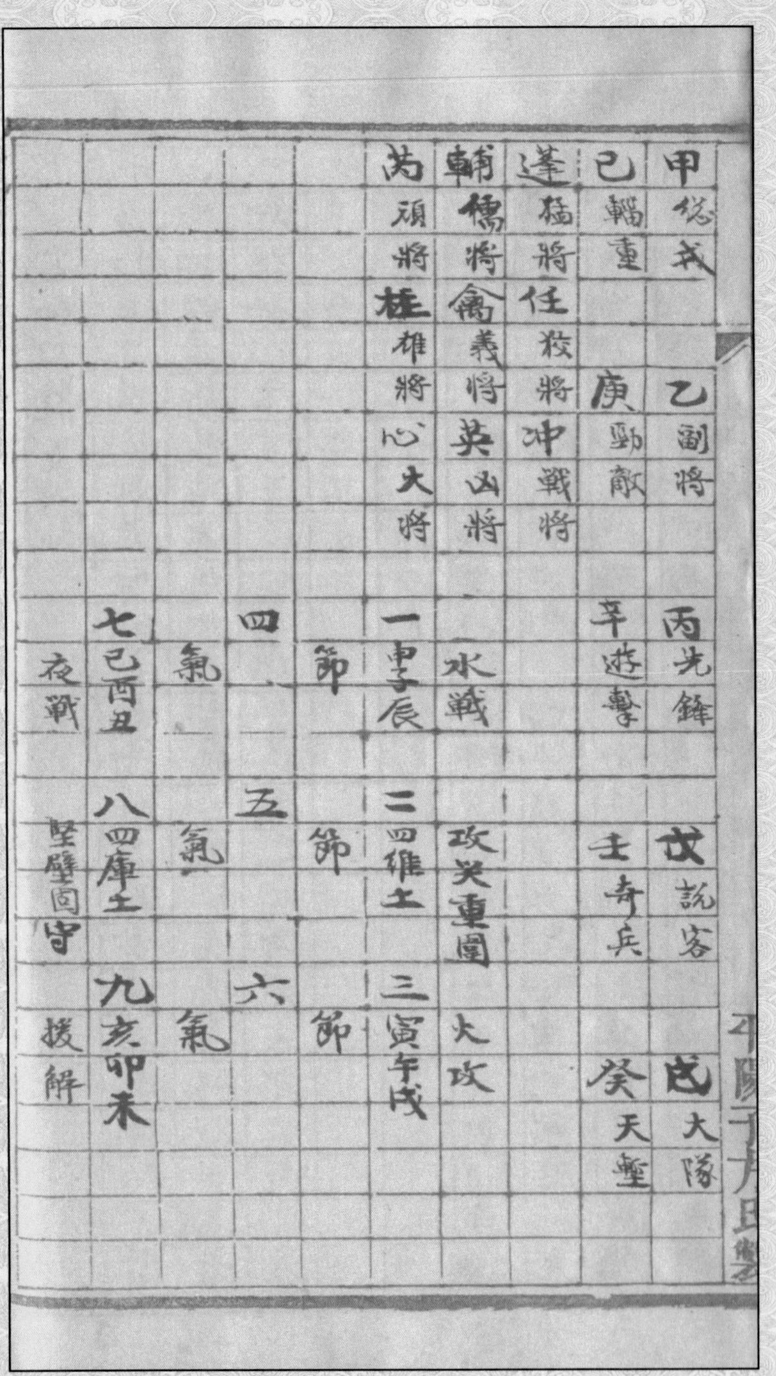

甲從戎　乙副將　丙先鋒　丁説客　戊大隊
己輜重　庚勁敵　辛遊擊　壬奇兵　癸天塹
蓬猛將　任殺將　沖戰將
輔儒將　禽義將　英凶將
芮頑將　柱雄將　心大將

水戰　攻突重圍　大攻
一申子辰　二四維土　三寅午戌
節　節　節
四　五　六
氣　氣　氣
七巳酉丑　八四庫土　九亥卯未
夜戰　堅壁固守　援解

陰六地天喜臨句白朱玄忌照天馬更坐天馬出行人乘及驛孟甲合陽星陽氣在內合陰星陰氣在外利於固守仲甲合陽星利於後應合陰星其利在門惟利固守季甲合陽星陽氣在外利客合陰星陰氣在內利主

大將臨戎制敵馭兵察天道之向背福善而禍淫考地理之窮通踞險而守要仰視星漢之妖祥逐度以考分野俯察兵卒之强弱嚴紀以正律刑知乎彼預謀待敵知乎已密計練兵切莫恃强而輕敵尤忌畏敵而亂衆治計用間因地乘時運籌帷幄決勝千里將之義大矣哉所貴乎執事者熟諳於韜略識格於士兵孤虛旺相指掌可定符使門儀揮霍而分用三奇以輔六甲

須辨奇類也天審門户以定進退必辨甲值開闔九星分主客逐時令以決雌雄元局別正奇詳授應以定前後急閘探報究方位之來蹤與時日之格刑則情虛實可知作見畢驚審門户之向背以符使無以從則兵勢搖惑可定符前伏刑傷預測險而抽兵騂劃符後遺格戰當擇吉而揮戈起行移三補四毋邀堂堂之陣避五趨三勿擊正正之旂章光截路再值羅網早收兵以奇以門更逢鳥龍宜進發欲知雨暘熟玩測天之賊將與兵革先觀太白之經風角鳥占情僞可辨占雲測日勝負先知

大凡督師制敵必用甲用丁帷幄君子精事於斯

日干我軍時干敵日制時兮戰必克時干若或尅日干歸令三軍

宜堅壁日干若受時干生來將私意懷歸伏惟嫌壬癸作生神
須防詐降終無益時干若是剋日干對壘之間仍嫌的客主從
來分日時先起之兵即作客日支時支偏將論生尅休咎如干
陳兩家納音宜檢究先後勝負援亂因辨出五行路生旺休囚刑
格君莫向此是廟謨先鋒門歷代司命無二項擇日擇時吉出
師天罡六壬通玄妙煞貴人傳與大安明堂天德金樻較更詳
年月日奇門選取利方發號炮
直符占驗大將軍本宮得吉立大勳三宮檢點無凶碍左右沖戰
趨避心再得年命來參取不值刑空無禍侵天地騰陰勾朱六
何者為仇何者親七神得地與失地其中凶吉細消陳九地天

利防衛刼九天害格莫交兵各將類神究微妙分晰趨避號三
單最要日時不受直符害更要方位兼與直符生
直使戰大樞机八門用事各有宜本使凡令堪進發他門有吉分
正奇詳推主副年與命臨吉門中是勝基倘值羅網與反伏太
公陰符必用之
奇儀各有所分屬最忌因墓與刑格制甲之神喜休囚輔甲之神
怕孤格甲所用神如伏仇本營奸究須推測查看本局孤與虛
係何奇儀落其局分局既值孤虛宮畢竟吉凶半準的天用落
宮與值刑切忌臨此有損失
九星五行分隸舉所主之星因時取吉星當符更來時先踞旺方

必勝彼休囚失地忌與師悖格忌伏皆難許最喜吉宿得奇門
天上風雲乘助武上下左右魁與魑躡罡履斗丁甲使鬼神設
鬼助軍威決勝千里真無比
九宮起元考天時地道三方亦詳推水火金木土各別主將年命
莫擎達正局考營堪立塞適局輜重可屯積將來局位伏援勤
奇正分兵奏捷回
門户忌乘墓格刑欣逢遁假詐使乘如若加臨孤虛地出軍不利
好逃兵私門私户雖然到上逢羅網亦不妨若得天乙登天門
煞殺神藏任取道
三甲詳分閑悶情閑宜興師悶掩兵孟甲反伏不宜動仲甲反伏

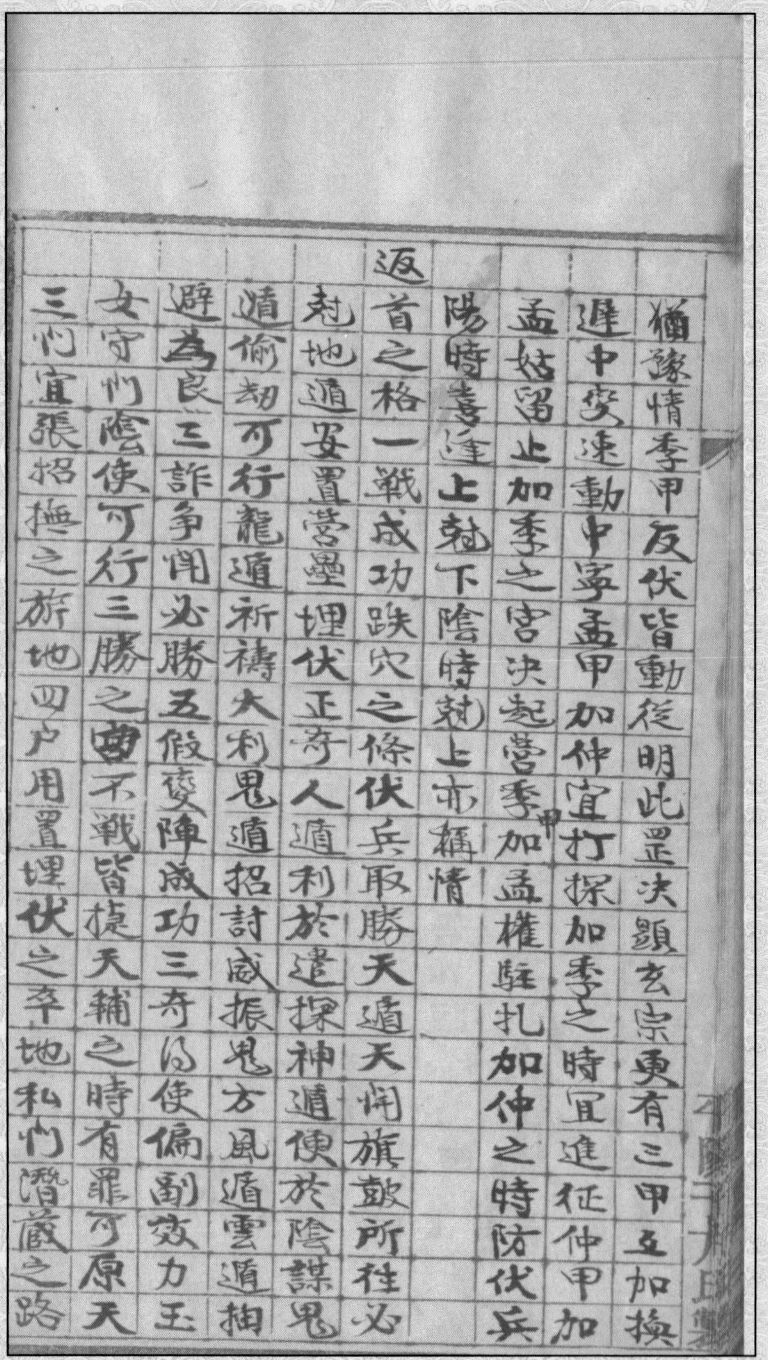
猶豫情季甲反伏皆動從明此罡決顯玄宗更有三甲互加換
遲中變速動中孚孟甲加仲宜打探加季之時宜進征仲甲加
孟姑留止加季之宮決起營季甲加孟權駐扎加仲之時防伏兵
陽時喜逢上尅下陰時尅上亦稱情
返首之格一戰成功跌穴之條伏兵取勝天遁天開旗鼓所往必
尅地遁安置營壘埋伏正奇人遁利於遣探神遁使於陰謀鬼
遁偷刼可行龍遁祈禱大利鬼遁招討威振鬼方風遁雲遁揃
避為良三詐爭鬥必勝五假變陣成功三奇得使偏副效力王
女守門陰使可行三勝之宮不戰皆提天輔之時有罪可原天
三門宜張招撫之旂地四戶用置埋伏之卒地私門潛藏之路

白入熒兮賊即來
熒入白兮賊須滅
此釣叟歌云

天馬方避難之鄉門吉星吉符吉戰勝攻克守牢龍逃走須防敗北虎猖狂且勿圖南蛇妖嬌軍謠有變雀投江羽檄疑況伏干須防暴出之師尤千慎墜敵人之計伏宮勁敵橫暴忌宮先鋒失機大格恐遭劫掠小格疑有伏兵刑格戰鬪不利悖格乍起軍驚歲格營有變月格偏將有傷時格不宜搦戰不遇切莫進征熒入白兮詐退而必返白入熒兮竊疑而勿追天羅地網出師宜防抗陷伏吟反吟傈兵切勿交兵三奇入墓與受制剋將援師不協情六儀擊刑戰雖利而有損門宮迫制營固整而防冲門凶星凶符凶堅壁犒師申令其間有微凶而反吉微吉而反凶者非奇儀之悞人也豈主將年命之不齊與國運之盛

裘不一耳

占賊來否

此時天上奇儀星門尅宮賊來猖狂如地盤星於旺祿得令之宮賊雖來我以計勝若我居失令逢其相尅謹防所失如我尅他賊見而無害若上下諸星比和干支相生主不追不退恐賊暗來宜埋伏待之

又法以月將加正時看天罡所在孟仲季則知其來否

小賊盜占

此時遇上干尅下干宮尅門地盤在生旺宮從有小人盜賊不敢來犯若上庚干日尅時干門尅宮而合凶格主星臨於失令宮小

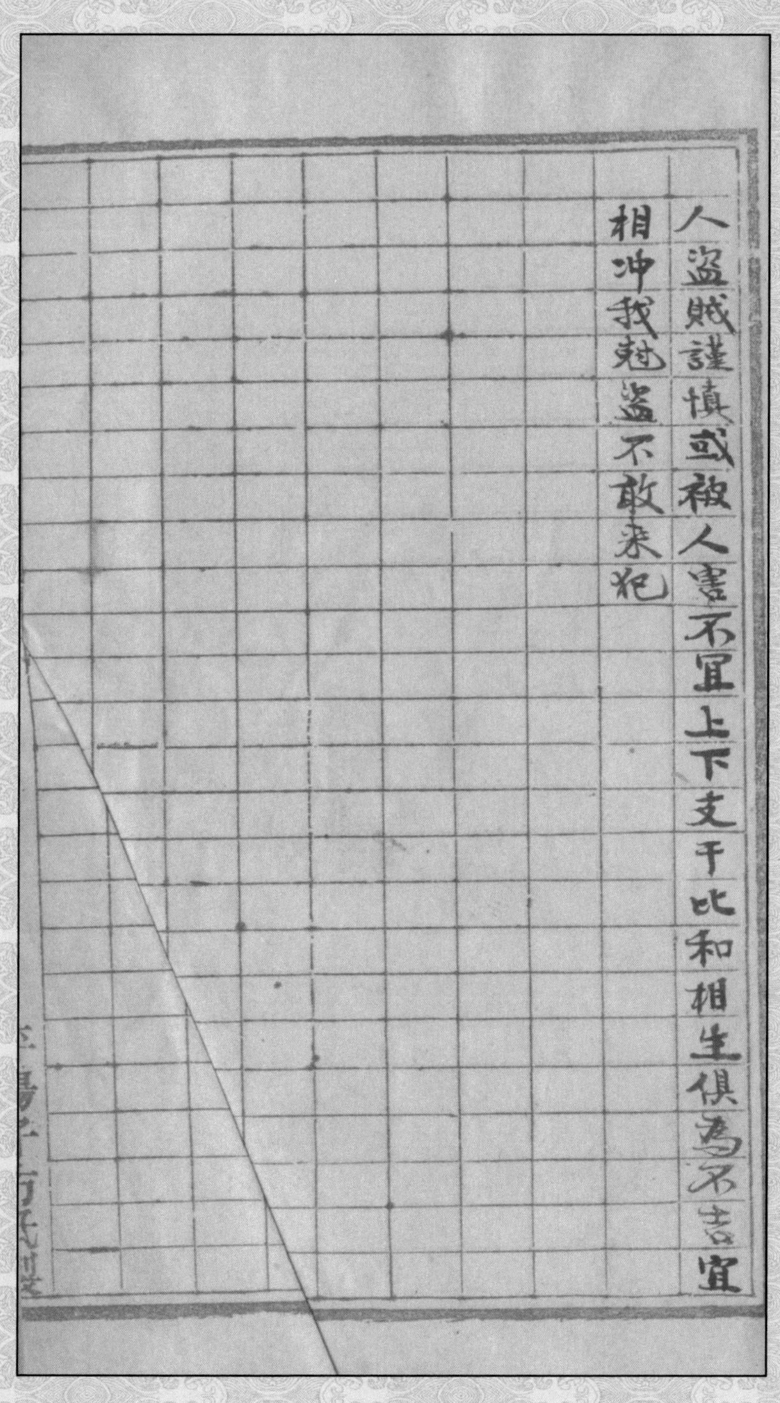

人盜賊謹慎或被人害不宜上下支干比和相生俱為不吉宜相冲我魁盜不敢來犯

心一堂術數古籍珍本叢刊　第一輯書目

堪輿類

章仲山挨星秘訣（全彩色）
臨穴指南
靈城精義箋（全彩色）
堪輿一覽
三元地理真傳（線裝）
姚氏地理辨正圖說
地理辨正補
欽天監風水正論（線裝）
蔣徒傳天玉經補註
三元天心正運（全彩色）
元空紫白陽宅秘旨（全彩色）
羅經舉要（全彩色）
漢鏡齋堪輿小識
陽宅覺元氏新書

地理辨正補註
許氏地理辨正釋義
三元地理正傳（全彩色）
地理辨正天玉經內傳要訣圖解（全彩色）
地理方外別傳
星卦奧義圖訣（全彩色）
地理秘珍
三元挨星秘訣仙傳（全彩色）
欽天監地理醒世切要辨論（全彩色）
地理辨正抉要
地理法門全書
地理辨正抉要
元空法鑑批點本，秘傳玄空三鑑奧義匯鈔合刊
元空法鑑心法
地經圖說
地理辨正自解

謝氏地理書
地理學新義
平洋地理入門、巒頭圖解合刊
平洋地理闡秘（全彩）
華氏天心正運
地學形勢摘要
司馬頭陀地鉗
鑒水極玄經　秘授水法　合刊
地理輯要
地理辨正揭隱　附連成派秘鈔訣要
地學鐵骨秘　附　吳師青藏命理大易數
趙連城秘傳楊公地理真訣
趙連城傳地理秘訣附雪庵和尚字字金
山洋指迷
三元挨星四十八局圖說
張氏地理錦囊
青囊一粟
堪輿秘訣彙釋
風水正原
風水一書

金光斗臨經
論山水元運易理斷驗、三元氣運說附紫白訣等
五種合刊
《沈氏玄空吹虀室雜存》《玄空捷訣》合刊
《玄空古義四種通釋》《地理疑義答問》合刊
王元極三元陽宅萃篇
王元極增批地理冰海附　地理冰海（原本）
地理辨正求真
地理小補（全彩色）
辨正發秘初稿（全彩色）
地理辨正翼
天機心竅等地理秘書四種合刊
李文田注撼龍經
家傳地理陰陽二宅秘斷
地理前五十段、後五十段合刊
挨星考注
地理三會集
三元山水秘密真訣（全彩色）
諸家風水選擇秘訣匯鈔

命理類

命理大四字金前定數（全彩色）
韋氏命學講義
命理斷語義理源深
千里命稿
文武星案上下卷
精選命理約言
斗數宣微
斗數觀測錄
地星會源斗數綱要合刊（全彩色）
皇極數（1－4）
星命風水秘傳百日通
鐵板神數（清刻足本）——附秘鈔密碼表
邵夫子先天神數（1－2）
斗數演例（全彩色）
滴天髓闡微——附李雨田命理初學捷徑
算命一讀通——鴻福齊天
命學探驪集
命理用神精華（原本）
澹園命談
命理尋源
新命理探原
滴天髓微義
蠢子數纏度
先天蠢子神數
《斗數秘鈔》《紫微斗數之捷徑》合刊
命譜
徐樂吾滴天髓微義
徐樂吾命理尋原

占筮類

擲地金聲搜精秘訣
卜易拆字秘傳百日通
易占陽宅六十四卦秘斷

相法類

相法易知
相法秘傳百日通
新相人學講義

手相學淺說
神相全編正義
相門精義
大清相法

三式類

壬課總訣（全彩色）
六壬教科六壬鑰
壬學述古
奇門揭要（全彩色）
奇門大宗直旨（全彩色）
奇門三奇干支神應（全彩色）
奇門廬中闡秘（全彩色）
六壬秘笈——韋千里占卜講義
奇門行軍要略
大六壬類闡（全彩色）
大六壬尋源二種
秘鈔大六壬神課金口訣
秘傳六壬課法附金口訣
大六壬指南
甲遁真授秘集
大六壬尋源二種（上）（下）
奇門心法秘纂（全彩色）
奇門仙機（全彩色）
大六壬探源
太乙鑰
太乙統宗捷要
太乙會要

其他類

述卜筮星相學
中國歷代卜人傳